FABIO SARTORI

IMPRESA REVERSIBILE

Come cogliere i segnali di preallerta alla crisi e invertire con successo il proprio default

Titolo

"IMPRESA REVERSIBILE"

Autore

Fabio Sartori

Editore

Bruno Editore

Sito internet

http://www.brunoeditore.it

Sommario

Prefazione   pag. 5

Introduzione   pag. 8

Capitolo 1: Genesi della crisi aziendale e insolvenza   pag. 17

Capitolo 2: I 4 stadi degenerativi della crisi aziendale   pag. 59

Capitolo 3: Le nuove procedure di preallerta   pag. 103

Capitolo 4: I metodi predittivi   pag. 130

Capitolo 5: Reversibilità della crisi: le azioni possibili   pag. 167

Capitolo 6: Check list di un'impresa di successo   pag. 179

Conclusione   pag. 183

Glossario   pag. 187

Ringraziamenti   pag. 195

Bibliografia e sitografia   pag. 202

A Giuseppe e Gemma Maria
per l'ispirazione regalata da ogni loro sorriso.

A Francesca
per il tempo rubato per realizzare questo mio sogno.

Prefazione

L'«Impresa reversibile» è un progetto editoriale interessante e originale, stimolante e inatteso, con quel tanto di avventatezza che connota ogni sfida contro tendenza.

Da anni non si sente che parlare di crisi, come se fosse uno stato immutabile, una palude senza confini dalla quale non c'è via di scampo né per singole aziende né per interi settori e nemmeno, forse, per il sistema economico globale.

La reversibilità del pensiero, così come delle azioni conseguenti, è, invece salvifica: non si tratta solo di contemplare astrattamente l'idea del cambiamento, bensì di abbracciare la convinzione di un cambiamento concreto, capace di contrastare la "morte annunciata" di imprese nel pantano o alla deriva, dando un nuovo indirizzo alla loro gestione verso quell'equilibrio pesantemente compromesso e all'apparenza perduto.

Non esistono bacchette magiche o formule alchemiche e occorre diffidare di coloro che promettono rimedi "fai da te" snocciolati in poche regolette auree. Non ci si improvvisa imprenditori e non si diventa manager in un giorno.

Tuttavia, anni di esperienza e di attenta osservazione della realtà permettono all'Autore di suggerire come individuare precocemente le avvisaglie della crisi, additando all'imprenditore – sovente distratto da altri affanni – "dove" volgere lo sguardo per individuarne le cause, remote o prossime, accidentali o strutturali.

Dall'acuta analisi delle vicende evolutive dell'impresa, l'Autore costruisce un percorso di ripresa attraverso la selezione di opportune strategie capaci di arrestare il processo involutivo, con adeguatezza e repentinità cosicché lo stato di crisi sia scongiurato e la solidità aziendale ristabilita.

I segni della crisi sono visibili, infatti, ma non a tutti: occorre, infatti, una vista acuta per cogliere da lontano i primi segnali di allerta e una consolidata esperienza professionale per interpretarli correttamente.

Esistono validi strumenti predittivi e utili metodi diagnostici, ma occorre saperli correttamente utilizzare perché "leggere i segni" è per tutti, ma comprenderli è di pochi.

Angela Broglia
Professore Ordinario di Economia Aziendale
Università degli Studi di Verona

Introduzione

«Un esperto è uno che conosce alcuni dei peggiori errori che può compiere nel suo campo, e sa come evitarli» (*Karl Werner Heisenberg*, fisico tedesco, premio Nobel per la fisica nel 1932, uno dei fondatori della meccanica quantistica).

Che cosa faresti se sapessi di non poter fallire? Avendo questa informazione con un grado di precisione superiore all'85%, faresti scelte diverse? Ti piacerebbe conoscere il tuo destino imprenditoriale prima che si manifesti? Se scoprissi che il futuro che ti aspetta non è quello che desideri, ti piacerebbe sapere come cambiarlo? Mi chiamo Fabio Sartori, sono un commercialista e, dopo anni di studio e collaudata esperienza sul campo, condivisa con diversi imprenditori, voglio cercare una risposta a queste domande.

Sarà capitato anche a te, sfogliando i giornali di prima mattina, di leggere racconti di cronaca, spesso incredibili e tragici, che lasciano a bocca aperta. A volte ricostruisco mentalmente le vicende narrate sulla stampa, immaginando un lieto fine per i protagonisti coinvolti, consentendo loro di cambiare il proprio infausto destino avvisandoli per tempo a compiere azioni diverse. Peccato che questa seconda chance rimanga confinata solo nel mio pensiero.

Con un approccio simile e con gli occhi del professionista, vedo scorrere ogni giorno le vicissitudini e le storie di numerosi imprenditori. Alcuni sono abili re Mida che hanno un tocco magico e che riescono a trasformare tutto quello che fanno in straordinarie opportunità. Altri, invece, meno capaci, pur impegnandosi e lavorando sodo, non hanno gli stessi risultati. Qualcuno di loro, drammaticamente, entra in crisi. Capita che qualcuno si ammali (aziendalmente parlando) e che altri, purtroppo, soccombano liquidando le loro iniziative o, nel peggiore dei casi, fallendo.

Non sto parlando di casi isolati o di pochi sfortunati; le statistiche ufficiali confermano che oggi, in Europa, il 50% delle aziende chiude entro i primi cinque anni di vita. Non ti stupirà sapere che la maggioranza di queste imprese non riesce nemmeno a raggiungere il terzo anno di vita. Ecco i numeri per capire meglio l'estensione e la profondità del fenomeno di cui sto parlando. Sono 93.000 le imprese italiane che nel 2017 hanno avviato procedure di default o di uscita volontaria dal mercato.

In Italia, nel 2017, ci sono stati 12.009 fallimenti, vale a dire circa 33 procedure al giorno. Il dato, seppur in calo rispetto al 2014 – anno orribile in cui si sono registrati ben 15.336 fallimenti, corrispondenti a 1,7 fallimenti/ora – dimostra che il default è un male ancora largamente diffuso.

Le Regioni più colpite dal fenomeno, nel 2017, sono la Lombardia (con un 29,5%), il Lazio (con un 17,5%) e il Veneto (con un 12%). I tre settori più battuti dalla crisi, in ordine decrescente, sono il commercio (33%), i servizi (23%) e l'edilizia (19%). Questi comparti economici, da soli, assorbono il 75% dei fallimenti in Italia. Perché accade tutto questo? Esiste una cura preventiva alla crisi aziendale? Il fallimento è una patologia moderna o era presente anche nei tempi passati? Esiste un rimedio per chi cade nel labirinto del sovraindebitamento?

La cultura del fenomeno della crisi è sostanzialmente carente. Esiste una sorta di rigetto a occuparsene, vi è una sostanziale difficoltà ad ammettere il declino, soprattutto da parte di chi è in prima persona investito dal problema. Nonostante ciò, si parla di crisi a ogni piè sospinto, chiamandola in causa come una scusa generalmente riconosciuta per non agire.

Diciamola tutta, la crisi ciclicamente accompagna l'uomo da sempre, non è un'invenzione moderna. Nella Roma del Seicento, ad esempio, quando il Papa assumeva anche le vesti del Re, ai falliti era imposto di circolare con un berretto verde, segno di pubblico scherno. Da questa usanza si è poi diffusa l'espressione popolare "essere al verde", per esprimere una condizione di difficoltà economica. Sempre in epoche passate, ai commercianti ambulanti falliti veniva rotto il banco su cui avevano esercitato l'attività di vendita al dettaglio. Ecco da dove deriva il termine "bancarotta", che identifica il reato tipico del dissesto.

Appare evidente che fallire in un'iniziativa economica, essere in crisi, non è una novità dei nostri tempi ma una realtà che accompagna l'«uomo economico» da sempre. Facendo una comparazione con la medicina, tuttavia, sono evidenti a tutti i passi da gigante fatti dalla scienza, capace ora di eliminare o ridurre ai minimi termini malattie importanti che un tempo flagellavano l'umanità. Lo stesso non può dirsi invece per le scienze economiche. Nessun brevetto, nessuna terapia, nessuna formula matematica è riuscita a interrompere la diffusione massiva dei dissesti.

In un contesto divenuto globale, il rischio di un'epidemia economica è sempre più attuale e concreto. Non ho la pretesa di proporre alcuna terapia miracolosa, ma mi conforta l'idea di fornire qualche utile consiglio in modo da mettere in guardia chi sta per compiere qualche passo falso o si sta cacciando nei guai senza saperlo. Con questa finalità, vorrei approfondire con te alcune iniziative da intraprendere per evitarti mali peggiori.

Pensa per un attimo a un virus che ha iniziato ad aggredirti. Quanto ti gioverebbe conoscere per tempo il tuo stato di salute e bloccare sul nascere il processo pericoloso che ti sta infettando? Eri una persona meravigliosa e un microscopico organismo che non hai mai visto, perché troppo piccolo, spegne i riflettori sulla tua fantastica vita. Tutto questo è molto imbarazzante per noi, creature superiori in grado di ottenere risultati impensabili come quello di andare sulla Luna tramite un marchingegno di lamiera che ci siamo costruiti da soli, non credi?

È possibile fabbricare uno strumento che ci permetta di governare il destino e di tenerci al riparo dalle aggressioni che possono venire anche dal nostro interno più intimo? Come in medicina, anche in campo aziendale probabilmente esiste un insieme di strategie, comunemente consolidate, in grado di riconoscere preventivamente la tua condizione fisica (imprenditoriale), di prepararti al meglio per combattere qualsiasi contagio e di guarirti. E questo libro, attraverso un linguaggio semplice, moltissimi esempi e aneddoti realmente accaduti, ha l'ambizione di rispondere a queste domande.

Per onestà devo fare alcune premesse. Pur riportando informazioni precise, puntuali e documentate, ho predisposto questa pubblicazione senza fare sfoggio di dottrina, a beneficio di tutti coloro che si avvicinano, anche per la prima volta, agli argomenti trattati. Se già mastichi un po' di economia, forse alcuni concetti saranno superflui o ridondanti, ma lo scopo è accompagnare tutti a capire, non solo chi è "del settore". Ed è con questo spirito che, a corollario del libro, ti lascio un piccolo glossario per capire in modo semplice i termini maggiormente utilizzati in questa materia.

A questo scopo cercherò di non dare nulla per scontato e ti condurrò nel mondo del diritto e dell'economia aziendale, anche se non hai nessuna preparazione. Considera queste pagine come una semplice chiacchierata, immaginati seduto nel mio studio mentre mi chiedi dei consigli. Da parte mia, come se tu fossi il mio migliore amico, ti confiderò alcuni segreti e ti fornirò utili suggerimenti per aiutarti a raggiungere il successo che meriti.

 Nello specifico, se sei un imprenditore, un professionista, un artigiano o un commerciante e hai una tua attività o ambisci ad averne una, se fai parte del cosiddetto "popolo delle partite IVA", questo libro si impegna a:
1. Spiegarti cos'è la «crisi aziendale», quali sono le tipologie di crisi in cui, tuo malgrado, puoi imbatterti: cosa si intende per insolvenza, da dove arriva, per quali motivi e quali conseguenze determina per l'imprenditore. Lo spiegherò nel capitolo 1.
2. Insegnarti come evolve la crisi aziendale: scoprirai nel capitolo 2 quali sono le tappe fondamentali della crisi e come l'impresa

incuba il proprio declino fino a tramutarlo in un dissesto irreversibile.

3. Procurarti una panoramica delle nuove «procedure di allerta» che potresti attivare prima di incorrere nella soluzione giudiziale della crisi, evitando il fallimento. Ti sarà illustrata nel capitolo 3.

4. Fornirti una serie di utili strumenti conoscitivi e predittivi per riconoscere il tuo stato di «salute aziendale». Li scoprirai nel capitolo 4.

5. Introdurti alle soluzioni che possono rendere reversibile una situazione di declino o di crisi già evidente, al fine di portare la tua impresa al recupero del proprio valore. Potrai approfondirlo nel capitolo 5.

6. Infine, al termine di questo percorso, ho pensato che potesse esserti utile una veloce *check list* per monitorare, con poche domande, se la tua impresa ha attitudine per il successo oppure è destinata alla crisi. Potrai eseguire il test nel capitolo 6, in pochi minuti.

In queste pagine scoprirai come riconoscere e prevenire gli eventi sfavorevoli che potrebbero accadere al tuo business. Una volta intercettati, ti illustrerò come eliminarli prima che la tua attività entri in metastasi. Ma procediamo per gradi, prima scopriamo come stai e come sta andando la tua azienda.

Bene, se vuoi condividere questo percorso, se ti senti pronto per iniziare questo viaggio nella prevenzione dell'insuccesso, iniziamo assieme la lettura delle prossime pagine. Se dovessi sentirti perso o disorientato, niente paura, potrai contattarmi, cercandomi sul web – www.fabisartori.net – sulla pagina dedicata www.facebook.com/fabiosartoripage e sui social network più diffusi.

Capitolo 1:
Genesi della crisi aziendale e insolvenza

«Avrò fatto undici canestri vincenti sul filo della sirena e altre diciassette volte a meno di dieci secondi alla fine, ma nella mia carriera ho sbagliato più di 9.000 tiri. Ho perso quasi 300 partite. Per 36 volte i miei compagni si sono affidati a me per il tiro decisivo... e io l'ho sbagliato. Ho fallito tante e tante e tante volte nella mia vita. Ed è per questo che alla fine ho vinto tutto» (*Michael Jordan*, il più grande giocatore di pallacanestro di tutti i tempi).

La storia delle imprese è quasi sempre un alternarsi di successi e insuccessi. Basta navigare un po' in internet e si trova la classifica di tutto ciò che ha funzionato o che è stato un flop pazzesco. Nel mondo del cinema, ad esempio, il film che ha registrato i migliori incassi di sempre è *Avatar*, di James Cameron, del 2009, con un incasso di ben 2,7 miliardi dollari. A seguire, ancora Cameron, con *Titanic*, del 1997: il secondo miglior incasso di sempre è di 2,1 miliardi di dollari. All'opposto di questa classifica, una pellicola del 2011 dal titolo *The Worst Movie Ever!*, scritta e diretta da Glenn Berggoetz, un misto di fantascienza, azione, horror, commedia e musical, è famosa solo come il peggior film della storia del cinema. Il film è stato presentato in anteprima il 19 agosto 2011, in un'unica sala, a Los Angeles, realizzando il minore incasso al botteghino mai visto: appena 11 dollari, corrispondenti a un solo biglietto.

Cosa distingue le due pellicole? Perché una ha avuto un successo planetario e l'altra è celebre solo per essere il flop più grande della storia del cinema? Si potrebbe ripetere questa analisi per ogni categoria merceologica, spaziando dalle auto più vendute a quelle che non hanno mai guadagnato il favore del pubblico, dalle invenzioni che hanno reso miliardari i loro creatori a quelle che hanno solo fagocitato montagne di denaro e così via.

Nella finanza, il fallimento più grande è quello di Lehman Brothers che, dopo oltre 150 anni di attività, ha dichiarato bancarotta con più di 600 miliardi di dollari di debiti. Da quel momento la parola «crisi» è diventata un intercalare quasi indispensabile in ogni colloquio. Tu stesso, se hai deciso di leggere questo libro, molto probabilmente hai avuto qualche difficoltà e ti trovi a dover affrontare il tema della crisi in prima persona.

Forse sei solo un curioso che la crisi non ha ancora raggiunto ma che teme che possa accadere, quindi vuoi semplicemente prepararti ad affrontarla con le armi e i mezzi più adeguati. L'ansia del fallimento, la paura di non farcela, il rischio di sentirti addosso il peso della famiglia che dipende da te, il timore che se qualcosa non funziona cadi nel baratro... so molto bene cosa vuol dire. E posso fare questa affermazione perché anch'io sono una partita IVA e, avendo iniziato la mia attività dal nulla, so quanto sia difficile cominciare e mantenere in piedi un business.

Dato che mi occupo di consulenza aziendale, avendo trattato molti casi e avendo vissuto sulla mia pelle le difficoltà quotidiane dei clienti che mi hanno dato fiducia, sono un credibile testimone di tutto quello che può accadere in un'impresa. È vero che al destino non si sfugge, ma ho la presunzione di credere che sia possibile fabbricarsi la vita con le proprie mani e condizionarne i percorsi.

Sulla mia scrivania sono passati diversi fascicoli, molte pratiche complesse e, dopo anni di esperienza e parecchie cicatrici, posso darti alcuni suggerimenti che ti saranno utili se ti trovi in difficoltà. Ma partiamo dall'inizio senza saltare alcun passaggio, anche se ti sembra scontato.

Cos' è la crisi

Come prima cosa, devi sapere che la crisi d'impresa non è quasi mai un fenomeno statico e repentino; non compare all'improvviso, ma si manifesta come un processo dinamico di deterioramento della gestione. Per gestione intendo l'insieme delle differenti operazioni poste in essere dall'azienda per raggiungere, nel modo migliore, i fini e gli obbiettivi che si prefigge.

La gestione è costituita da 4 circuiti principali: finanziamenti, investimenti, disinvestimenti e rimborsi e remunerazioni. Facciamo un esempio, così capirai subito come funziona la gestione di un'impresa. Non hai un soldo ma hai una buona idea, perciò chiedi un finanziamento in banca per iniziare la tua attività. La banca, valutato il tuo progetto, ti accorda un prestito da restituire in 5 anni (questa è la fase del *finanziamento*). Con quei soldi compri un macchinario e inizi a produrre (questa è la fase dell'*investimento*). Completato il processo produttivo, vendi i tuoi beni sul mercato (questa è la fase del *disinvestimento*). Con il denaro ottenuto restituisci il prestito alla banca maggiorato degli interessi pattuiti (questa è la fase dei *rimborsi* e della *remunerazione*).

Devi sapere che, a partire dagli anni '70, le crisi di impresa hanno smesso di essere fenomeni episodici e sono diventate ricorrenti, parte integrante del sistema produttivo industriale. Puoi verificare questa affermazione constatando che ci sono crisi di settore che si riverberano sulle imprese che ne fanno parte, a cominciare dalle imprese marginali ovviamente.

Le difficoltà aziendali sono sempre più diffuse e sono la naturale conseguenza del dinamismo e dell'instabilità dell'ambiente. Pensa all'evoluzione dei prodotti o dei processi produttivi. Il forte dinamismo richiesto dal mercato determina l'espulsione di tutti i soggetti caratterizzati da scarse capacità innovative.

Le aziende che non hanno una chiara visione strategica, che non costruiscono sapientemente programmi di lungo periodo, ma che vivono solo per il quotidiano, che non anticipano gli accadimenti futuri ma li subiscono dopo il loro manifestarsi, hanno una probabilità di sopravvivenza molto scarsa. Questo atteggiamento, questo approccio perdente, purtroppo è molto diffuso e sarebbe meno esteso se si avesse la consapevolezza che la crisi è una componente permanente del nostro sistema produttivo.

La sua presenza è indotta da una pluralità di fattori. Variabilità dei concorrenti – resa ancora più esasperata dal contesto internazionale e dalle vendite e-commerce – sbalzi nei costi del lavoro o delle materie prime, effetti inflazionistici collegati alle politiche energetiche, accelerazione ed evoluzione tecnica e rigidità del settore bancario sono solo alcune delle ragioni che innescano questo processo. La crisi è quindi una successione involutiva che si determina come il risultato di un'alterazione da uno stato di equilibrio economico a uno di disequilibrio.

REGOLA n. 1: La crisi è un'alterazione, non improvvisa, da uno stato di equilibrio economico a uno di disequilibrio. Dove

il disequilibrio è solo – o può essere solo – il trampolino di lancio per trovare un altro equilibrio più saldo.

La crisi è pertanto la fase acuta e conclamata di un processo di declino iniziato precedentemente. Il declino, invece, può essere corretto e sanato se si interviene immediatamente; se non si adottano pesanti manovre correttive esterne, la crisi è quasi sempre un processo irreversibile. L'equilibrio economico cui deve mirare la tua impresa consiste nella capacità costante dei ricavi di coprire i costi, consentendo quindi la determinazione di un residuo positivo, vale a dire un utile.

Un'impresa si dice in equilibrio economico quando le operazioni di gestione permettono di ottenere un flusso di ricavi capace di coprire i costi dei fattori produttivi e di corrispondere un'adeguata remunerazione al capitale investito nell'impresa. Faccio un semplice esempio.

Supponiamo che tu sia un artigiano e che la tua impresa produca manufatti. Ti proponi al mercato con una vendita di 1.000 euro. I costi per realizzare il prodotto sono pari a 500 euro. Per semplicità espositiva, per ora non consideriamo l'IVA (cioè l'Imposta sul Valore Aggiunto). Risulta evidente che l'impresa artigiana è in equilibrio, in quanto i ricavi (1.000 euro) sono maggiori dei costi (500 euro) e si realizza un differenziale positivo che chiameremo *reddito di esercizio*, nella fattispecie un *utile* di 500 euro. In bilancio si avrà una rappresentazione simile a quella seguente.

Figura 1 – Conto economico con utile

CONTO ECONOMICO

Costi		Ricavi	
Costi di produzione	500	Ricavi di vendita	1.000
Totale costi	500		
Utile di esercizio	*500*		
Totale a pareggio	**1.000**	**Totale ricavi**	**1.000**

(Fonte: elaborazione personale)

Noterai che i ricavi sono indicati a destra (in contabilità si dice in *avere*). I costi invece sono imputati a sinistra (cioè in *dare*).

Questo tipo di scrittura si utilizza per pura convenzione. Come in un campo di calcio, ci sono due squadre di giocatori, quelli che stanno a sinistra giocano contro la porta di quelli che stanno a destra.

Il differenziale è detto *reddito di esercizio* e va posto nella parte *dare* (se utile) o *avere* (se perdita) per quadratura. Noterai, infatti, che il totale della sezione dare deve essere uguale alla sezione avere (nell'esempio, 1.000 euro).

Viceversa, invertendo i dati sopra esposti, i costi (1.000 euro) sarebbero maggiori dei ricavi (500 euro) e l'impresa sarebbe in disequilibrio in quanto realizzerebbe un differenziale negativo, una *perdita*, appunto, pari a 500 euro. In questo caso il conto economico appare come a seguire.

Figura 2 – Conto economico con perdita

CONTO ECONOMICO

Costi		Ricavi	
Costi di produzione	1.000	Ricavi di vendita	500
Totale costi	1.000		
		Perdita di esercizio	*500*
Totale a pareggio	**1.000**	**Totale ricavi**	**1.000**

(Fonte: elaborazione personale)

25

Facciamo un passo oltre e chiediamoci se è sufficiente un utile di esercizio per essere in equilibrio «durevole». Come puoi intuire, questa domanda – a trabocchetto – prevede una risposta negativa. Supponiamo infatti che i ricavi non derivino dall'attività tipica dell'artigianato – creare manufatti – ma siano il frutto di accadimenti straordinari. Pensiamo ad esempio al caso in cui l'artigiano produce i propri prodotti in perdita, ma nel periodo il conto economico è in equilibrio perché è stata realizzata un'importante plusvalenza relativa alla dismissione di un macchinario.

Nel linguaggio economico, con il termine plusvalenza si intende un incremento di valore, ossia una differenza positiva fra due quotazioni dello stesso bene riferite a momenti diversi. Facciamo un esempio: nel corso dell'anno 2007 acquisto un macchinario al costo di 1.000 euro. Dopo vent'anni quel bene molto probabilmente non ha alcun valore, possiamo dire che contabilmente vale zero. Se riesco a vendere quel macchinario, che vale zero, a 800 euro, allora realizzo una plusvalenza, cioè un componente positivo, di 800 euro. Ora, recuperando l'ultimo esempio numerico, vediamo cosa accade inserendo una plusvalenza di 800 euro. Il conto economico appare come segue:

Figura 3 – Conto economico in utile da componenti non tipici

CONTO ECONOMICO

Costi		Ricavi	
Costi di produzione	1.000	Ricavi di vendita	500
		Plusvalenza su macchinari	**800**
Totale costi	1.000		
Utile di esercizio	*300*		
Totale a pareggio	**1.300**	**Totale ricavi**	**1.300**

(Fonte: elaborazione personale)

Come potrai notare, il conto economico è in utile ma i ricavi dipendono prevalentemente da operazioni non tipiche (cioè non dalla vendita di manufatti, che è il core business dell'artigiano). Il reddito infatti è generato dall'alienazione del macchinario, accadimento gestionale non ripetibile ogni anno, ma limitato alla disponibilità di macchinari in proprietà dell'artigiano.

È chiaro che una simile redditività non garantisce un equilibrio durevole nel tempo, perché non deriva dalla gestione operativa tipica dell'attività svolta dall'artigiano. Nell'esempio proposto, quindi, vi è un utile che deriva da una gestione diversa da quella ordinaria e, benché il reddito sia positivo, l'impresa non sta andando bene. Il business principale non rende affatto. Il risultato positivo, quindi, è un effetto del tutto casuale dovuto alla vendita del macchinario che male rappresenta come sta andando la gestione.

Si potrebbe dire che quell'utile è frutto di doping aziendale. Pensa al caso di uno sportivo che è scarso, ma che riesce ad avere poderose performance solo grazie a iniezioni di sostanze non consentite. Cerca di non fraintendermi, la plusvalenza è del tutto legittima e non viola alcuna regola. Sto solo dicendo che un occhio non esperto che punta lo sguardo solo all'utile di esercizio prenderebbe l'abbaglio pensando che tutto va bene, quando invece la gestione non funziona e il business intrapreso arranca.

REGOLA n. 2: l'equilibrio economico si verifica quando, durevolmente, i ricavi sono maggiori dei costi; ciò consente di determinare un reddito positivo, vale a dire un utile; viceversa, si ha disequilibrio quando i costi sono maggiori dei ricavi, determinando un reddito negativo, vale a dire una perdita.

Ho smesso di contare le volte in cui i clienti mi hanno fatto la fatidica domanda: «Dottore, mi può spiegare perché se ho un utile ho il conto corrente in rosso?» Ritorniamo all'esempio di prima, quello in cui l'artigiano era in utile di 500 euro. Il suo conto corrente sarà in rosso finché non incasserà (ciclo finanziario) la fattura della vendita (ciclo economico). Supponiamo che l'incasso avvenga l'anno successivo. In questa ipotesi, l'artigiano dovrà versare all'Erario, cioè nelle casse dello Stato:

- *L'imposta sul valore aggiunto sulla vendita.* Ossia il 22% di 1.000 euro, al netto dell'IVA sugli acquisti, che può essere detratta. Supponiamo che sulla vendita si applichi l'aliquota IVA ordinaria del 22%. La normativa fiscale consente di detrarre (cioè togliere) dall'IVA da versare l'imposta sul valore aggiunto pagata sugli acquisti in beni e servizi registrati nel periodo.

  La liquidazione del debito IVA sarà quindi: IVA vendite - IVA acquisti = IVA da versare all'erario (1.000 x 22% - 500 x 22% = 110 euro).

- *Le aliquote IRPEF (Imposta sul reddito delle persone fisiche).* Sono a scaglioni che vanno dal 23% (fino a 15.000 euro di reddito) al 43% (oltre 75.000 euro di reddito). Le società di capitali, invece, pagano l'*IRES* (*Imposta sul reddito delle società*) ad aliquota proporzionale del 24%, senza scaglioni.

L'IRPEF sull'utile realizzato, ipotizzando una aliquota del 30%, sarà: 500 euro x 30% = 150 euro.

• I contributi previdenziali, ipotizzando una aliquota del 25%, saranno 500 euro x 25% = 125 euro."

Senza considerare che la normativa fiscale prevede anche il pagamento degli acconti per l'anno successivo: il "povero" artigiano dovrà versare all'erario ben 385 euro senza aver incassato nulla dai propri clienti. Quella presentata è una situazione rosea perché, nell'esempio proposto, molto probabilmente l'imprenditore avrà già pagato i costi di produzione (ad esempio fornitori e manodopera) per euro 500. In questa ipotesi, a fronte di un utile di 500 euro, l'artigiano vedrà uscite pari a 885 euro (di cui 500 di costi e 385 di imposte) a fronte di incassi ancora da realizzare.

Il disallineamento tra ciclo economico (costi e ricavi) e ciclo finanziario (uscite ed entrate) sopra descritto risponde alla fatidica domanda sul perché si possa avere un bilancio florido con utili dignitosi e, al tempo stesso, le tasche completamente vuote. È evidente che se questo interrogativo mi è stato posto molte volte, significa che non tutti hanno ben chiaro come funzionano i *cash flow* (flussi di cassa) aziendali sopra descritti.

Saper pre-visualizzare queste dinamiche e l'evolversi futuro della gestione è di fondamentale importanza, soprattutto per coloro che non hanno dimestichezza con questi concetti.

Spesso non si conoscono tali processi perché chi apre la partita IVA non è sempre un imprenditore formato. Facciamo un esempio. Un programmatore molto bravo, quindi un tecnico in gamba, si accorge che nel suo lavoro ha più abilità del proprio datore di lavoro. Decide pertanto di rischiare e di mettersi in proprio. Peccato che sia bravissimo come tecnico ma non sappia nulla di gestione.

Non sa come interfacciarsi con la banca, quali sono le politiche commerciali e di marketing, non conosce la normativa sulle assunzioni di eventuali dipendenti e, forse, per risparmiare sceglie pure un commercialista con poca esperienza o non iscritto all'Ordine – quindi un abusivo – o si affida a un dilettante.

Risultato? Dopo pochi mesi, il bravissimo tecnico sarà con l'acqua alla gola.

La bella – e confortante – notizia è che è possibile formarsi e diventare ottimi imprenditori. Lo sai che statisticamente gli imprenditori più capaci non provengono dalle aule di università prestigiose ma sono *self-made man* che si sono costruiti una fortuna dal nulla? Lisa M. Amos afferma che «gli imprenditori registrano in media 3,8 fallimenti prima del successo finale. Ciò che distingue quelli che hanno successo è la loro incredibile persistenza».

Con questa citazione non voglio di certo spronarti a fare impresa a casaccio in attesa di un successo automatico. Per fare impresa, invece, è necessario pianificare e programmare correttamente il proprio business anticipando quali potranno essere i risultati delle scelte che si prendono nel presente e di cui non si conoscono con certezza gli esiti. Conoscere per tempo come andrà la tua impresa è indubbiamente un vantaggio competitivo di cruciale rilevanza. Prevedere gli eventi gestionali utilizzando gli strumenti corretti potrebbe veramente salvare la vita della tua impresa ed evitarti di rovinare tutto quello che hai messo da parte o che stai chiedendo alla banca, rendendoti debitore a vita.

Pensa alla politica degli investimenti che l'impresa potrebbe realizzare. Solo se hai una prospettiva di rientro del capitale investito puoi procedere in tal senso con serenità. Diversamente, se l'esborso finanziario degli investimenti, ad esempio in nuova tecnologia, non fosse ripagato dal ciclo futuro degli incassi derivanti dalla produzione e dalla vendita dei prodotti a terze economie, perderesti somme ingenti di liquidità senza alcun beneficio.

Non avere chiari questi processi può esporre un bravo e onesto artigiano, inesperto di queste dinamiche, a crisi profonde, con la prospettiva di rovinarsi in poco tempo. Se tu fossi in grado di cogliere i primi segnali anticipatori di questi processi, se potessi rilevare per tempo i sintomi precursori della crisi che ti aspetta, potresti correggere la rotta, tentare utili manovre di recupero e di risanamento, evitare che la situazione si incancrenisca e scongiurare un irreversibile dissesto.

La selezione naturale delle imprese

Esattamente come un sistema biologico, l'azienda si caratterizza per continui processi di decomposizione e rigenerazione degli elementi che ne costituiscono la struttura produttiva. Secondo la letteratura più autorevole, infatti, l'impresa si contraddistingue per essere un istituto destinato a perdurare nel tempo, in un ambiente mutevole e dinamico.

Secondo la teoria organicistica dell'impresa è possibile ritenere che anche le aziende siano una sorta di organismo vivente.

La teoria evoluzionistica di Darwin, analogamente, ci mostra che organismi di una stessa specie si evolvono gradualmente nel tempo attraverso il processo di selezione naturale; allo stesso modo, le imprese più efficienti sopravvivono a danno di quelle che non lo sono.

Non è la natura, ma il mercato a determinare questo processo selettivo, eliminando gli operatori economici malfunzionanti, malati e inefficienti. Solo un imprenditore particolarmente preparato può anticipare e sfuggire alla crisi, integrando capacità di adattamento e innovazione che consentano all'impresa di prosperare.

REGOLA n. 3: più l'imprenditore viene a contatto con il declino e la crisi, più elevata sarà la sua disponibilità a investire nella loro prevenzione.

In un simile contesto, chi governa l'impresa dovrebbe essere sempre proteso a:

- cogliere per tempo i sintomi di preallarme del declino, per evitare che degradi in crisi;
- ricercare tempestivamente le soluzioni di ripristino dell'equilibrio economico e finanziario, quando il declino e la crisi si sono manifestati.

È evidente che, se non ci si assume un certo grado di rischio, non vi è impresa. La stessa parola impresa implica il mettersi in gioco, il tentare senza sicurezza di successo. Nel linguaggio parlato si utilizza la parola impresa per indicare per lo più le azioni di una certa importanza e difficoltà, intrise di pericoli e rischi.

Cos'è il rischio

È evidente che, per agire, l'impresa deve assumere decisioni in un contesto caratterizzato dall'indeterminatezza e dall'impossibilità di utilizzare le proprie risorse economiche in base a informazioni certe e precise. Di conseguenza, conoscenze inadeguate e decisioni organizzative errate, eseguite sulla scorta di informazioni imprecise, possono causare danni, anche irreparabili, all'impresa. Si potrebbe generalizzare affermando che l'assunzione del rischio sarà tanto più alta quanto maggiore è il grado di variabilità e incertezza con cui opera l'impresa.

REGOLA n. 4: il rischio di impresa è connaturato in qualsiasi tipo di attività ed è generato dal gap informativo che non consente all'imprenditore di agire sulla scorta di informazioni certe e precise.

Devi sapere che non tutte le crisi sono uguali, nemmeno cronologicamente sono le stesse. Così come l'umanità evolve, anche le cause di innesco della crisi mutano nel tempo. Cerchiamo di capire da dove si origina la crisi.

Tipologia e cause della crisi
Le crisi cambiano in relazione all'evoluzione del processo produttivo e al contesto ambientale in cui emergono. Negli anni

Cinquanta del secolo scorso, ad esempio, iniziava il boom economico con il passaggio da un'economia prevalentemente agricola ad una urbana e industriale. Chi non sapeva cogliere tale processo evolutivo poteva entrare in crisi.

Gli anni Sessanta furono caratterizzati da produzioni standardizzate in cui si preferiva la quantità alla qualità del prodotto. In quegli anni la crisi compariva allorquando l'impresa non era in grado di assumere un assetto strutturale congruo rispetto ai concorrenti con cui rivaleggiava. Negli anni Settanta, invece, la crisi assunse un connotato esterno e i segnali patologici si avvertirono nell'incapacità dell'impresa di far fronte alle mutazioni a livello di scenario economico e non della singola azienda. Si iniziarono a introdurre i primi apparati automatizzati, e a sperimentare la robotica a discapito del capitale umano, creando produzioni più flessibili e meno costose. Chi non seppe interpretare questi segnali, restando legato a una produzione di massa di stampo fordista, iniziò a subire la concorrenza.

Negli anni Ottanta, il processo evolutivo della produzione assunse maggiore spinta e velocità a seguito della globalizzazione che portò la competizione tra imprese a esasperarsi. L'impresa, che prima si doveva confrontare con un concorrente nazionale, ora si trovava di fronte a uno scenario in cui l'accesso alle risorse era totalmente differente; basti pensare al costo della manodopera approvvigionata in paesi del terzo mondo dove costava meno. In tale contesto, solo chi fu in grado di neutralizzare questi differenziali – ad esempio mediante la delocalizzazione o l'automazione robotica – riuscì a ripararsi dalla crisi. Chi invece non fu così attento a cogliere l'evoluzione del contesto produttivo, iniziò a essere meno competitivo, i fatturati calarono e iniziarono le prime tensioni finanziarie dello stato di precrisi.

Le crisi di impresa, quindi, cambiano rispetto all'evoluzione storica del contesto produttivo in cui si insediano i vari operatori economici. Se si volessero semplificare le cause della crisi si potrebbero classificare in *interne* ed *esterne*.

Crisi interne ed esterne

Secondo un noto modello, la propensione al declino e alla crisi è discriminabile in 2 categorie principali. Da una parte, il declino deriva da cause *interne* e le ragioni scaturiscono dalle caratteristiche direzionali od organizzative dell'impresa. Dall'altra le origini della crisi sono imputabili a cause *esterne*, dipendenti dalla concorrenza e dall'ambiente.

Uno studio americano (S. Slatter, *Corporate Recovery,* Harmondsworth, Penguin, 1984) ha dimostrato che, su 300 imprese, in 4 casi su 5 il declino sarebbe imputabile a cause interne e solo in 1 su 5 a cause esterne. In questa prospettiva, le ragioni del declino possono essere sintetizzate nella seguente tabella, in cui risulta evidente come, nella maggioranza dei casi (vale a dire il 52%), le ragioni del declino e della crisi dipendono da cause interne e, in particolare, dal fattore umano; in altre parole, da un imprenditore non preparato. Ricordi l'esempio dell'esperto di informatica che si improvvisa imprenditore? Pare che ci siano sufficienti studi scientifici che avvalorino il motivo per cui entra in crisi.

Tabella 1:
Le principali ragioni di declino delle imprese secondo Slatter

Le cause del declino	%
Pura sfortuna	1%
Fattori esterni non controllabili dal management	8%
Equilibrio tra fattori esterni ed interni	24%
Problemi interni innescati da fattori esterni	15%
Problemi generati internamente nell'ambito del controllo del management	**52%**
Totale	100%

(Fonte: L. Guatri, *Turnaround. Declino, crisi e ritorno al valore*, Egea, 1995, p. 21)

In buona sostanza, le crisi interne derivano da errori strategici e organizzativi dell'organo amministrativo che non ha saputo gestire correttamente i processi e gli stimoli dell'ambiente produttivo circostante.

Le origini interne sono anche imputabili a soggetti diversi dall'imprenditore: i detentori del capitale. I soci, infatti, possono assumere comportamenti e iniziative censurabili come, ad esempio, distribuire dividendi troppo elevati, avere un eccessivo timore del rischio che implica indecisionismo ed effetto paralizzante in merito alle strategie da assumere, indisponibilità a fornire garanzie ai creditori non consentendo l'afflusso di nuova liquidità, errata scelta dell'organo amministrativo e così via.

REGOLA n. 5: la maggior parte delle cause del declino e della crisi è originata da ragioni interne all'impresa.

Vi sono, infine, altri soggetti che possono determinare la crisi e sono quelli che svolgono un ruolo chiave nell'impresa come, ad esempio, i responsabili della produzione, della rete vendita, dell'organizzazione interna e via dicendo.

Ora ti chiederai quali tipi di crisi interne possono presentarsi. Solitamente la crisi è originata da un insieme di concause e di caratteristiche che non è facile isolare singolarmente. Cercando di voler discriminare delle tipologie, solo per capire meglio come funzionano, si potrebbero distinguere 4 tipi di crisi interne.

1. Crisi strategiche
Sono determinate da errori gestionali che hanno comportato scelte errate di investimento, implementazione di processi di sviluppo senza la verifica di una corretta copertura finanziaria, mancata programmazione di nuovi processi o prodotti innovativi.

2. Crisi di posizionamento

Scaturiscono dalla debolezza del comparto marketing dell'impresa e da errate politiche commerciali e si palesano nel non collocare correttamente il proprio processo produttivo e i prodotti rispetto al mercato o al target di clientela. Effetti negativi di posizionamento potrebbero manifestarsi, altresì, laddove non si riesca a valorizzare il proprio brand o marchio e in caso di cadute di immagine, come ad esempio prodotti difettosi, malfunzionanti o non rispettosi della normativa.

Per capire meglio ciò di cui sto parlando, basti pensare a cosa è accaduto con lo smartphone Samsung Note 5, resosi famoso perché la batteria esplodeva all'improvviso, tanto da essere bandito in fase di check-in negli aeroporti.

3. Crisi dimensionali

Sono determinate da errori di pianificazione degli investimenti che hanno una crescita fuori controllo dei costi fissi rispetto alla produzione preventivata. Di fronte a un aumento della richiesta di mercato, si affrontano eccessivi investimenti che, in seguito a una contrazione della domanda, non riescono a essere remunerati.

L'eccessivo costo produttivo determina un'iniziale contrazione della redditività che, in seguito, innesca problemi finanziari che, se non opportunamente risolti, possono determinare il dissesto dell'impresa.

4. Crisi di inefficienza

Sono date dallo squilibrio tra ricavi e costi rispetto ai rendimenti delle imprese concorrenti. L'area maggiormente interessata da questa problematica è quella produttiva. Le motivazioni possono essere diverse: scarso impegno della manodopera, utilizzo di tecnologie e macchinari arretrati, inefficiente dislocazione degli impianti ecc. L'inefficienza, tuttavia, può colpire anche l'area commerciale quando, ad esempio, la pubblicità non è efficace, oppure quando la rete vendita ha costi eccessivi rispetto al fatturato generato.

Da ultimo, anche l'area amministrativa può essere interessata da inefficienza nel caso di eccessiva burocratizzazione che genera costi sproporzionati rispetto ai risultati desiderati, gravi carenze del sistema informativo che non consentono il reperimento di dati in maniera tempestiva e facilmente interpretabile, oppure una gestione sommaria che non verifica la scadenza dei crediti commerciali, non monitora gli acquisti e i costi finanziari dei finanziamenti in essere, determina errori e ritardi nella fatturazione, non definisce i compiti e le responsabilità del personale e così via.

Appare evidente come le varie tipologie di crisi interna sinora descritte derivino da carenze organizzative e professionali dell'imprenditore. Quest'ultimo, infatti, non pone al centro dei propri valori aziendali gli obiettivi di economicità e durabilità dell'impresa nel tempo. Si possono, tuttavia, avere cause esterne della crisi allorquando la responsabilità del deterioramento aziendale non è rinvenibile nell'inadeguatezza dell'imprenditore, ma nel contesto in cui opera l'impresa. Volendo generalizzare, le cause esterne sono essenzialmente 4.

1. Crisi macro-economiche
Dipendono dalla carenza del sistema paese, dalla debolezza dei mercati finanziari, dall'inadeguatezza del sistema bancario, dai mutamenti legislativi. È sufficiente pensare a qualche paese africano in cui vi sono tassi inflazionistici incontrollabili.

Quando l'inflazione è nell'ordine del 4-5% annuo, si parla di inflazione "strisciante". Se il tasso inflazionistico sale al 15-20% annuo, diventa "galoppante" per poi snaturare, in concomitanza di eventi eccezionali, come le guerre, in "iperinflazione" se il tasso di inflazione mensile supera il 50%. Lo Zimbabwe vanta il primato di paese con il tasso di inflazione più alto al mondo.

2. Crisi culturali

Sono determinate dall'intervento organizzato di gruppi che sposano una determinata causa o ideologia come l'ecologismo, il salutismo ecc. Greenpeace, ad esempio, convocò la Giornata Mondiale di Azione contro McDonald's. Cambiando settore, ricordiamo i movimenti Occupy Wall Street, gli Indignados spagnoli o i giovani francesi del Nuit Debout (in italiano "notte in piedi") contro gli istituti di credito e a favore della cancellazione del debito.

3. Cause catastrofiche

Sono dovute ad accadimenti eccezionali, ad esempio atti di terrorismo, basti pensare all'attacco dell'11 settembre 2001, che comportò gravi ripercussioni alle compagnie aeree o disastri ecologici, come quello di Cernobyl in Ucraina per l'industria nucleare, o la più recente vicenda di Fukushima in Giappone.

4. Cause settoriali

Date dall'aumento dell'intensità della concorrenza, dal calo della domanda, dalla competizione sul prezzo ecc. Facendo riferimento al mercato italiano, è sufficiente pensare al settore tessile che viene estromesso dal mercato dalle produzioni del terzo mondo, dove la manodopera costa relativamente poco.

Concretamente anche le crisi di matrice esterna non sono quasi mai originate da una sola causa ma più spesso da un insieme di concause.

Dalla crisi all'insolvenza

L'aggravarsi della crisi senza che vengano presi opportuni provvedimenti correttivi determina per l'impresa il passaggio successivo all'insolvenza. I termini crisi e insolvenza non sono quindi sinonimi. Il termine insolvenza assume connotati diversi in relazione alla prospettiva da cui si osserva.

Per le scienze aziendalistiche l'insolvenza coincide con l'incapacità dell'impresa di produrre internamente le risorse necessarie a far fronte al proprio indebitamento. Secondo tale interpretazione, l'insolvenza non si è necessariamente già manifestata all'esterno.

In difetto di tale esteriorizzazione, l'impresa può accedere a soluzioni alternative, e precisamente:

- Soluzioni stragiudiziali: vale a dire senza l'ausilio del Tribunale.
- Soluzioni giudiziali: mediante l'ausilio del Tribunale per mezzo di procedure cosiddette concorsuali. Fra queste si pensi, ad esempio, al concordato preventivo, alla procedura di ristrutturazione dei debiti, all'amministrazione controllata e così via.

La crisi secondo le scienze economiche e le scienze giuridiche

Secondo le *scienze economiche*, pertanto, la crisi aziendale è un processo evolutivo ancora reversibile che, se trattato correttamente e in fase preliminare, consente la ripresa, nota anche con il termine *turnaround*. Con quest'ultimo termine si indica il piano di risanamento e di ristrutturazione profonda di un'azienda in crisi.

Per le *scienze giuridiche*, invece, il concetto di insolvenza fa riferimento a determinate disposizioni, previste dalla normativa fallimentare, che prevedono che lo stato di insolvenza si sia manifestata esternamente all'impresa. Alla luce di tale presupposto, il concetto di insolvenza giuridica implica solo soluzioni giudiziali (rappresentate dalle procedure concorsuali).

La prospettiva non è quella della reversibilità della situazione, ma quella liquidatoria, vale a dire finalizzata alla disgregazione dell'azienda. In altre parole, l'azienda viene smembrata, venduta a pezzi e con la liquidità raccolta si pagano i creditori. È evidente che questa è la situazione peggiore perché toglie dal mercato un operatore economico, si perdono posti di lavoro, si procede a una svendita dei valori aziendali e solitamente non tutti i creditori vengono pagati.

Si potrebbe generalizzare affermando che l'insolvenza si struttura in due fasi principali, costituenti entrambe un unico processo di deterioramento delle condizioni di equilibrio aziendale. Dapprima si manifesta il disequilibrio economico che abbiamo già commentato in precedenza e che comporta che non vi siano incassi durevoli.

Non avendo liquidità disponibile, l'impresa non potrà coprire gli investimenti: i dipendenti, i fornitori, i professionisti che hanno servito l'azienda non saranno pagati. A questo punto il disequilibrio economico degrada in insolvenza giuridica: ciò significa che possono essere attivate le procedure concorsuali come, ad esempio, il fallimento.

REGOLA n. 6: il disequilibrio economico non coincide con l'insolvenza giuridica, sono due nozioni distinte; il primo, se trascurato, involve nella seconda divenendo irreversibile.

In particolare, la Legge fallimentare – introdotta con il Regio Decreto n. 267 del 16 marzo 1942 – fornisce un'esatta definizione di cosa si intende per insolvenza da una prospettiva giuridica. Nello specifico, lo stato d'insolvenza si manifesta con inadempimenti o altri fatti *esteriori*, i quali dimostrano che il debitore non è più in grado di soddisfare *regolarmente* le proprie obbligazioni. Gli adempimenti o i fatti esteriori non coincidono con l'insolvenza, ma si caratterizzano per essere segni anticipatori del dissesto. In particolare, l'avverbio "regolarmente" si riferisce al modo in cui vengono effettuati i pagamenti – vale a dire a come si adempie – intendendo che gli stessi devono essere eseguiti con mezzi normali di pagamento.

Quali sono i mezzi normali di pagamento con cui l'imprenditore commerciale soddisfa le proprie obbligazioni? Il denaro e i titoli di credito, come ad esempio le cambiali e gli assegni, sono mezzi normali di pagamento. Se invece l'imprenditore si affida a mezzi diversi per liberarsi delle proprie obbligazioni, si concretizzano i segnali rivelatori dell'insolvenza, ancorché l'imprenditore riesca a estinguere comunque i propri debiti.

REGOLA n. 7: verifica se i mezzi di pagamento sono normali; sono tali i debiti tacitati per mezzo di denaro o i titoli di credito, come le cambiali e gli assegni.

Facciamo un esempio per capire meglio. Se un imprenditore paga i propri fornitori non con denaro o titoli di credito, ma eseguendo una prestazione (i latini chiamavano questa pratica *datium in solutum*), o cedendo dei beni (*cessio in solutum*), anche se il pagamento viene eseguito, e quindi non vi è sostanzialmente un inadempimento, la transazione non avviene secondo mezzi regolari.

Facciamo un altro esempio. Se un imprenditore, rimasto a secco di liquidità, in luogo del pagamento di una somma di denaro al fornitore, provvede cedendo alcuni macchinari oppure merci o beni esterni alla sfera aziendale – come potrebbero essere alcuni gioielli di famiglia – sta manifestando, all'esterno, la propria insolvenza.

Insolvenza e inadempienza

Dall'esame approfondito della norma si ricava, quindi, che si può avere insolvenza anche laddove l'imprenditore sia adempiente, vale a dire laddove riesca a tacitare i propri debitori con mezzi non normali di pagamento. L'inadempimento, pertanto, è un concetto che non coincide con quello di insolvenza. Per essere insolventi, in conclusione, è sufficiente l'anormalità del pagamento, pur in presenza di adempimento formale all'obbligazione.

REGOLA n. 8: l'insolvenza non coincide con l'inadempimento; si può essere insolventi, e quindi fallibili, anche se adempienti e, viceversa, si può essere inadempienti e non insolventi.

Facciamo un esempio. Un imprenditore riceve una richiesta di pagamento che ritiene illegittima. Pertanto, non provvederà al pagamento e contesterà il credito. In questa fattispecie l'imprenditore, pur essendo inadempiente, non significa che sia insolvente.

Inadempienza e squilibrio economico

Come puoi notare, arrivare a facili conclusioni senza approfondire il singolo caso nel dettaglio può portare solo confusione e interpretazioni errate. Facciamo un altro esempio chiarificatore. Nelle pagine precedenti abbiamo detto che un'impresa deve tendere durevolmente all'equilibrio economico, vale a dire che i ricavi di vendita devono essere superiori ai costi produttivi, e che questa circostanza deve ripetersi nel tempo, non essere isolata in un unico esercizio.

Nel caso in cui questa condizione si verifichi, l'impresa genera un utile; viceversa, si realizza una perdita di esercizio. Ora ti chiederai: se un'impresa è in perdita è sempre insolvente? So che resterai stupito, ma ti confermo che un'impresa può essere in perdita pur non essendo insolvente. Ad esempio, una società che abbia una massa di debiti superiore al valore dei propri beni sarà in perdita, ma fintanto che riceverà la fiducia dalle banche o da terzi finanziatori, sarà in grado di far fronte regolarmente alle proprie obbligazioni prelevando il denaro necessario a tacitare i propri creditori. In questo caso, pur essendo evidente una situazione di squilibrio tra attivo e passivo patrimoniale, in presenza di sostegno bancario l'impresa sarà solvibile e quindi non fallibile.

REGOLA n. 9: finché gli istituti di credito o terzi sostengono l'impresa, non vi può essere insolvenza in quanto si potrà tacitare i debitori con mezzi normali di pagamento.

L'insolvenza commerciale si differenzia da quella civile perché la seconda è una nozione statica, mentre la prima è un fenomeno dinamico: emergono tutti gli elementi connessi all'esercizio dell'impresa, ma l'imprenditore è comunque in grado di onorare i propri debiti grazie al ricorso al credito di terzi.

Processi di intervento

Di fronte a una crisi possono essere intrapresi diversi processi di intervento volti a sottrarre l'impresa a conseguenze negative e peggiorative. Le variabili che incidono maggiormente in tali processi sono i tempi di intervento e i modi. La maggior parte dei dissesti è causata da tardivi riconoscimenti dello stato di salute dell'impresa che si traducono in interventi di scarsa efficacia. L'inerzia ora descritta dipende dall'illusione che la crisi non si sia ancora manifestata e che avrà effetti inferiori a quelli che realisticamente si realizzeranno.

Spesso il manager è conscio della crisi in atto, ma cerca di minimizzarla o di dissimularla; ha consapevolezza delle manovre che dovrebbe intraprendere ma, riconoscendone la dolorosità, preferisce restare inerte. L'effetto di una simile deprecabile condotta è che il processo di disfacimento dell'impresa subisce forti accelerazioni e il depauperamento delle risorse, intervenuto per tamponare la situazione, spoglia l'impresa di qualsiasi strumento per invertire la rotta.

Diversamente, se l'intervento fosse stato immediato, il processo di decadimento si sarebbe potuto non solo arrestare, ma anche invertire. Occorre quindi distinguere le imprese più avvedute e preparate, che ricorrono a interventi correttivi immediati, da quelle che non hanno alcuna programmazione e previsione di ciò che sta loro accadendo e intervengono, se possono, solo quando il declino è diventato insolvenza o dissesto.

Nella prima fattispecie, si agisce prontamente sul prodotto, sui processi produttivi, sul marketing, sull'organizzazione interna e via dicendo. La tempestività del processo correttivo permette all'impresa di prevenire la crisi eliminando sul nascere i sintomi del declino. Nella seconda fattispecie, invece, la crisi è stata sottovalutata fin dall'inizio e gli effetti si sono conclamati. In tali situazioni, occorre ripristinare l'equilibrio economico-finanziario mediante pesanti terapie di intervento.

Lo strumento con cui si cerca di ripristinare le sorti dell'impresa è il "piano", ossia un elaborato analitico che, partendo dalla descrizione dello stato in cui si trova l'impresa e individuate le ragioni della crisi, propone una serie di interventi programmatici volti a recuperare gli equilibri aziendali compromessi. In relazione alla tipologia dell'intervento proposto, si possono avere piani di risanamento, di ristrutturazione, di riconversione ecc.

Ma, per comprendere meglio le azioni da intraprendere, bisogna capire bene come evolve la crisi. Esattamente come avviene in medicina, la patologia aziendale inizia dai primi sintomi per evolvere a stadi sempre più gravi, sino a giungere a situazioni di irreversibile dissesto. Se vuoi capire come funziona tutto questo, seguimi nel secondo capitolo.

RIEPILOGO DEL CAPITOLO 1:

- REGOLA n. 1: la crisi è un'alterazione, non improvvisa, da uno stato di equilibrio economico a uno di disequilibrio. Dove il disequilibrio è solo – o può essere solo – il trampolino di lancio per trovare un altro equilibrio più saldo.

- REGOLA n. 2: l'equilibrio economico si verifica quando, durevolmente, i ricavi sono maggiori dei costi; ciò consente di determinare un reddito positivo, vale a dire un utile; viceversa, si ha disequilibrio quando i costi sono maggiori dei ricavi, determinando un reddito negativo, vale a dire una perdita.

- REGOLA n. 3: più l'imprenditore viene a contatto con il declino e la crisi e più elevata sarà la sua disponibilità a investire nella loro prevenzione.

- REGOLA n. 4: il rischio di impresa è connaturato in qualsiasi tipo di attività ed è generato dal gap informativo che non consente all'imprenditore di agire sulla scorta di informazioni certe e precise.

- REGOLA n. 5: la maggior parte delle cause del declino e della crisi è originata da ragioni interne all'impresa.

- REGOLA n. 6: il disequilibrio economico non coincide con l'insolvenza giuridica, sono due nozioni distinte; il primo, se trascurato, involve nella seconda divenendo irreversibile.

- REGOLA n. 7: verifica se i mezzi di pagamento sono normali; sono tali i debiti tacitati per mezzo di denaro o i titoli di credito, come le cambiali e gli assegni.

- REGOLA n. 8: l'insolvenza non coincide con l'inadempimento; si può essere insolventi, e quindi fallibili, anche se adempienti e, viceversa, si può essere inadempienti e non insolventi.

- REGOLA n. 9: finché gli istituti di credito o terzi sostengono l'impresa, non vi può essere insolvenza in quanto si potrà tacitare i debitori con mezzi normali di pagamento.

Capitolo 2:
I 4 stadi degenerativi della crisi aziendale

«Soltanto coloro che hanno il coraggio di affrontare grandi fallimenti possono raggiungere grandi successi» (*Robert Kennedy*, politico statunitense, ministro della Giustizia durante la presidenza del fratello John Fitzgerald Kennedy).

Dalle pagine precedenti, si evince come la crisi sia prevalentemente il risultato di una serie prolungata di errori gestionali solitamente imputabili a chi governa l'impresa: il *soggetto economico*. In economia, soggetto economico sta a indicare la persona – o gruppo di persone – che esercita un potere volitivo e rappresenta il centro decisionale della gestione, prendendo decisioni strategiche, determinando gli obiettivi generali e le attività per realizzarli.

Non sempre l'imprenditore ha la responsabilità degli accadimenti dell'impresa. Abbiamo visto che possono esistere crisi incolpevoli, indotte da fenomeni esterni, generalmente incontrollabili, che si abbattono anche su un intero settore produttivo e che risultano indipendenti dai comportamenti individuali dei singoli amministratori. Tralasciando la ricerca del capro espiatorio, è importante rammentare come il decadimento descritto in precedenza non sia immediato e improvviso, ma graduale.

Identificare i fattori critici per tempo e prevenire gli effetti di una gestione errata dell'impresa, in molti casi consentirebbe al soggetto economico di evitare il proprio *default*. In economia il termine default indica l'incapacità patrimoniale di un debitore di soddisfare le proprie obbligazioni. Il modo migliore per affrontare una patologia è agire prima che la crisi diventi irreversibile, prima che i sintomi assumano una forma acuta.

Di fronte a un simile scenario, si possono assumere due atteggiamenti. Il primo consiste nell'eseguire una diagnosi passiva, limitandosi alla constatazione dello squilibrio esistente e dello stato attuale dell'impresa. Il secondo consiste nel rilevare la situazione e passare subito all'azione. Per essere proattivi, e non subire gli eventi, occorre idealizzare il futuro prospettico della crisi immaginando le manovre che si potrebbero adottare e gli effetti degli interventi intrapresi.

La previsione interna ed esterna della crisi

Questa previsione della crisi può essere avvertita da organi interni ma anche da soggetti esterni all'impresa. La previsione interna si sostanzia nel punto di vista dell'imprenditore. Di fronte a una situazione di crisi, si ha la prova dell'incapacità dell'organo gestorio di valutare i livelli di efficienza e di efficacia della gestione, di predire le tendenze di mercato e di gestire l'ambiente esterno.

Accade spesso che l'imprenditore, pur avendo nota la propria situazione, non faccia nulla e coltivi l'idea di continuare la propria attività nella speranza che le cose cambino. Eccessivo ottimismo, ingenuità o incapacità di interpretare correttamente i sintomi della crisi sono comportamenti psicologici diffusi dell'imprenditore che rifiuta la verità. In questo modo si espone a gravi responsabilità per aver causato l'aggravarsi del proprio dissesto e non avervi posto rimedio quando vi erano ampi spazi di manovra.

Solitamente l'imprenditore può adottare due diversi atteggiamenti di fronte alla crisi. Vi è chi assume una condotta imprudente e fatalistica. In questo caso ci si rassegna alla situazione critica che è emersa non ritenendo opportuno intervenire e sperando che gli eventi peggiori non si realizzino. Questo è l'atteggiamento più diffuso tra gli imprenditori e anche quello che, come vedremo, li espone a pesantissime e gravi responsabilità.

Al contrario, vi è chi si comporta con responsabilità e prudenza investendo tempo e risorse in manovre correttive per evitare lo scenario più grave, che ritiene molto probabile. Ho visto imprenditori investire tutto il loro patrimonio pur di salvare la propria azienda. Come nel poker Texas Hold'em, questi uomini, che credono fino in fondo ai propri sogni, rischiano tutto quello che hanno, fanno un ultimo "all-in" e si giocano ogni singola chip pur di non affondare.

Quando la crisi assume connotati sempre più gravi, diventa avvertibile anche da soggetti esterni. I primi operatori coinvolti in questa analisi sono certamente le banche, in particolare quelle che hanno erogato credito e che monitorano costantemente la capacità di rimborso dei prestiti concessi. Per procedere in questo senso, e quindi per valutare il rischio di credito dell'impresa, le banche raccolgono dati dall'analisi dei bilanci, infra-periodo e annuali, e dai dichiarativi fiscali.

Ultimamente le banche non ripongono fiducia nella documentazione non ufficiale rilasciata dal cliente. Infatti, chiedono copia dei bilanci depositati presso il Registro Imprese e, per i dichiarativi, esigono la prova dell'invio del modello con relativa ricevuta dell'Agenzia delle Entrate.

L'intervento risanatore dovrebbe avere la finalità di consentire all'azienda di continuare a esistere, da una parte, e di tutelare gli interessi degli stakeholder – in particolare la categoria dei creditori – dall'altra, garantendone il soddisfacimento. Il termine anglosassone *stakeholder*, molto diffuso nei testi di scienze economiche, può essere tradotto in "portatore di interesse" (dall'inglese "*stake*", posta in gioco, e "*holder*", portatore) e indica genericamente un soggetto, o un gruppo di soggetti, influente nei confronti di un'iniziativa economica, che sia un'azienda o un progetto.

Sono stakeholder, ad esempio, i clienti, i fornitori, i finanziatori (istituti di credito e azionisti), i lavoratori ecc. Sono stakeholder anche gruppi di soggetti, come i residenti in aree limitrofe all'azienda e le istituzioni statali relative all'amministrazione locale e, fra queste, l'Agenzia delle Entrate, gli Enti previdenziali e via dicendo. Il termine non deve essere confuso con *shareholder* o con *stockholder*, che rappresentano, rispettivamente, i portatori di azioni (*shares*) e di capitale (*stocks*), ossia quelli che in italiano sarebbero gli azionisti o i soci e che sono i titolari della proprietà dell'iniziativa economica intrapresa.

Generalmente, di fronte ai primi segnali premonitori della crisi l'impresa può scegliere due soluzioni. Se l'equilibrio aziendale viene considerato irreversibilmente compromesso, l'organo gestorio può decidere di cessare l'attività di impresa. In questo caso l'impresa inizia una soluzione liquidatoria con lo scopo di dismettere le proprie attività e, con la liquidità generata, pagare le passività. Diversamente, se la crisi è avvertita per tempo e si ritiene che vi siano margini per manovre correttive, l'organo amministrativo può optare per il risanamento aziendale. Fatte queste premesse, cerchiamo di comprendere come evolve lo stato di crisi e quali siano le tappe principali del degradamento della gestione. Ma, prima di iniziare questo approfondimento, è utile capire alcuni termini che utilizzeremo più avanti.

Stato patrimoniale e patrimonio netto

Per comprendere a fondo ciò di cui parlo, occorre conoscere cosa sia il patrimonio netto e dove si trovi all'interno del bilancio. Il *bilancio di esercizio* è costituito da due documenti: il conto economico e lo stato patrimoniale. Il bilancio è il documento che rappresenta la situazione patrimoniale e finanziaria dell'azienda al termine del periodo amministrativo e il risultato economico di esercizio.

A corredo di questi prospetti contabili, è allegato un terzo documento chiamato "nota integrativa" che fornisce dettagli e approfondimenti relativi ai numeri contenuti nei dittici precedentemente richiamati. Il conto economico lo abbiamo già incontrato parlando dell'attività dell'artigiano e riepiloga i costi e i ricavi della gestione. La differenza tra i ricavi e costi determina il reddito di esercizio, vale a dire un utile (se ricavi > costi) o una perdita (se costi > ricavi) di esercizio.

Lo stato patrimoniale è una sorta di fotografia della ricchezza posseduta dall'impresa e delle obbligazioni che si è impegnata a onorare. Da una parte (a sinistra, in "Dare") sono esposte le attività e dall'altra (a destra, in "Avere") le passività. Fanno parte delle attività il denaro in cassa, le disponibilità sul conto corrente, i crediti, i titoli, il magazzino, i beni strumentali e tutto quanto può essere convertito, più o meno rapidamente, in liquidità. Fanno invece parte delle passività i debiti, i fondi e tutto quanto determina una fuoriuscita di liquidità dall'impresa. La figura a seguire è un esempio di stato patrimoniale.

Figura 4 – Stato patrimoniale

STATO PATRIMONIALE

Attività		Passività	
Cassa	500	Debiti	200.000
Banca	19.000	Fondi	5.000
Crediti	30.000	*Totale passività*	*205.000*
Titoli	5.000		
Magazzino	3.500	Capitale sociale	30.000
Beni mobili	70.000	Riserva legale	6.000
Beni immobili	120.000	Altre riserve	5.000
		Utile di esercizio	2.000
		Parti ideali positive del capitale netto	*43.000*
Totale attività e parti ideali negative del netto	**248.000**	**Totale passività e parti ideali positive del netto**	**248.000**

(Fonte: elaborazione personale)

Come nel conto economico, anche nello stato patrimoniale la somma degli elementi in "Dare" deve essere uguale – si dice che *deve quadrare* – con la somma degli elementi in "Avere". Nell'esempio, infatti, 248.000 euro di attivo coincidono con i 248.000 euro del passivo e netto. Nel caso proposto, sottraendo dalle attività le passività, si ottiene una quantità d'azienda differenziale che è comunemente nota con il nome di *patrimonio netto* o brevemente *netto* (pari ad euro 43.000).

In modo molto superficiale, il patrimonio netto rappresenta la ricchezza dell'impresa, esprime quindi la consistenza delle fonti di finanziamento interne, ossia quelle fonti provenienti direttamente o indirettamente dal soggetto o dai soggetti che costituiscono e promuovono l'azienda. Pertanto, il patrimonio netto è una sorta di contenitore contabile che raccoglie l'insieme dei mezzi propri, determinato dalla somma del capitale conferito dai soci in sede di costituzione dell'azienda o durante la vita della stessa con apporti successivi e dall'*autofinanziamento*.

Con il termine di autofinanziamento in economia si intende la capacità dell'impresa di ridurre il fabbisogno finanziario necessario, ad esempio, per effettuare investimenti a sostegno della crescita aziendale, mediante risorse liberate dalla gestione e nella stessa reimpiegate. In altre parole, si riduce la necessità di acquisire liquidità tramite finanziamenti esterni, banche o soci.

In concreto, il patrimonio netto è costituito da più componenti che usualmente vengono dette "parti ideali di patrimonio netto", così da distinguere il capitale apportato dai soci dalla parte derivante dall'autofinanziamento proprio. Tali parti ideali possono essere di segno positivo o negativo. Sinteticamente potremmo dire:

patrimonio netto = capitale sociale + riserve + utili conseguiti in attesa di destinazione - perdite in sospeso in attesa di copertura

Ora che hai capito come funziona lo stato patrimoniale, sei pronto per capire come evolve la crisi e quali sono gli stadi che ne costituiscono la maturazione.

I 4 stadi del percorso della crisi

La crisi non è altro che l'evoluzione di un declino iniziato e non fermato in tempo. L'impresa perde valore e la redditività si riduce, conseguentemente anche la liquidità può subire una contrazione: si ha una vera e propria carenza di cassa. Questa involuzione trascina con sé ulteriore perdita di valore, il processo non può essere nascosto oltre e comincia a manifestarsi all'esterno. Tutti i soggetti che hanno a che fare con l'impresa cominciano a perdere fiducia, i finanziatori si allontanano, il valore delle azioni crolla, le dilazioni di pagamento vengono interrotte chiedendo il rientro immediato dell'esposizione, i lavoratori cominciano a protestare e i sindacati fanno pressioni sul datore di lavoro.

Lasciando le cose come stanno, la situazione non potrà che precipitare trasformando il declino in un dissesto irreversibile. Il processo sopra descritto può essere sintetizzato in 4 stadi principali. Le prime due fasi le possiamo chiamare *declino* mentre le ultime due rappresentano la *crisi*. Passando da uno stadio all'altro la situazione diventa sempre più difficile e insostenibile.

REGOLA n. 1: il processo di decadimento dell'impresa è costituito da 4 fasi: le prime due identificano una situazione denominata *declino* e, se il processo di involuzione non viene interrotto, il declino determina due ulteriori fasi che vengono definite *crisi*.

Vediamo ora i primi due stadi del declino.

Primo stadio: l'*incubazione*
È la fase in cui si manifestano i segni di decadenza iniziali e si avvertono i primi squilibri economici. I ricavi sono inferiori ai costi

e si realizzano le prime perdite. Di conseguenza, cessano di essere distribuiti dividendi. L'incubazione si manifesta quando l'impresa inizia a perdere valore. Il declino si avverte con la contrazione della redditività. Con la riduzione della redditività, si contraggono, di conseguenza, anche i flussi di cassa.

REGOLA n. 2: con la contrazione della reddittività, l'impresa riduce anche i flussi di cassa e si determinano tensioni finanziarie.

L'esaurimento della liquidità disponibile determina una maggiore esposizione dei debiti finanziari e commerciali. La carenza di liquidità comporta necessariamente l'incapacità di provvedere al pagamento dei debiti tributari e previdenziali. Le cause dell'incubazione possono essere innescate da motivazioni interne o esterne all'impresa.

Sono cause interne della crisi i seguenti fattori, spesso combinati tra loro:
1. scarsa conoscenza dei mercati in cui si opera;

2. incapacità dell'impresa di innovare i propri prodotti, che risultano essere maturi e non più assorbibili dal mercato;

3. scarsa forza commerciale e inadeguata rete vendita;

4. processo produttivo affidato a impianti obsoleti e poco efficienti;

5. conflitti tra i proprietari dell'impresa;

6. squilibri finanziari;

7. imprenditore inadeguato, non preparato, incapace di prendere decisioni ecc.

Sono, invece, cause esterne della crisi:

1. cambiamento dei gusti o effetti delle mode;

2. introduzione di norme restrittive contro determinati prodotti;

3. concorrenza di prodotti a basso costo immessi sul mercato da parte di paesi in via di sviluppo che usufruiscono di costi di manodopera fortemente contenuti ecc.

Intervenire in questa circostanza è possibile e la situazione può ancora definirsi reversibile. Accade spesso, tuttavia, che l'imprenditore non affronti la situazione di petto ma preferisca posticipare gli interventi in attesa di un'irrealistica soluzione automatica al declino. In un'ipotesi simile, se non vi è un immediato intervento riparatore, la situazione degrada facilmente allo stadio successivo.

Secondo stadio: la *maturazione*
Lo squilibrio economico inizia ad assumere connotati durevoli. Le perdite di esercizio si accumulano erodendo il valore dell'impresa. Si intaccano le risorse aziendali. L'accumulo delle perdite viene fronteggiato prosciugando il patrimonio netto: le riserve disponibili e le quote di capitale vengono utilizzate per coprire le perdite di gestione. E per effetto di queste manovre di bilancio, il patrimonio netto risulta ridotto.

Riprendendo l'esempio di prima dello stato patrimoniale (figura 4), immaginiamo che non vi sia un utile di 2.000 euro, ma che la gestione abbia generato una perdita di 40.000 euro. Lo stato patrimoniale sarà il seguente:

Figura 5 – Stato patrimoniale con perdita di esercizio

STATO PATRIMONIALE

Attività		Passività	
Cassa	500	Debiti	200.000
Banca	2.000	Fondi	5.000
Crediti	5.000	*Totale passività*	*205.000*
Titoli	5.000		
Magazzino	3.500	Capitale sociale	30.000
Beni mobili	70.000	Riserva legale	6.000
Beni immobili	120.000	Altre riserve	5.000
		Utile di esercizio	-
Perdita di esercizio	*40.000*		
		Parti ideali positive del capitale netto	*41.000*
Totale attività e parti ideali negative del netto	**246.000**	**Totale passività e parti ideali positive del netto**	**246.000**

(Fonte: elaborazione personale)

Nell'esempio sopra proposto, la perdita dovrà essere coperta con le componenti di patrimonio netto positive disponibili (utili, riserve e, infine, capitale sociale). Data la presenza di una perdita di 40.000 euro da coprire, occorrerà quindi sacrificare tutte le riserve (per 11.000 euro) e quasi interamente il capitale sociale (di cui resteranno solo 1.000 euro). Al termine della copertura della perdita, il patrimonio netto sarà il seguente.

Figura 6 – Stato patrimoniale dopo la copertura
della perdita di esercizio

STATO PATRIMONIALE

Attività		Passività	
Cassa	500	Debiti	200.000
Banca	2.000	Fondi	5.000
Crediti	5.000	*Totale passività*	*205.000*
Titoli	5.000		
Magazzino	3.500	Capitale sociale	1.000
Beni mobili	70.000	Riserva legale	-
Beni immobili	120.000	Altre riserve	-
		Utile di esercizio	-
Perdita di esercizio	-		
		Parti ideali positive del capitale netto	*1.000*
Totale attività e parti ideali negative del netto	**206.000**	**Totale passività e parti ideali positive del netto**	**206.000**

(Fonte: elaborazione personale)

Come potrai notare, la perdita di esercizio (che ora vedi a zero) è stata coperta sacrificando buona parte delle voci positive del patrimonio netto. Il capitale si è ridotto sotto i minimi previsti dalla legge e dovrà essere ricostituito il più presto possibile, pena la messa in liquidazione dell'impresa. Per le società di capitali, infatti, è previsto un capitale sociale minimo. Se il capitale si riduce al di sotto del valore previsto dalla normativa, deve essere ricostituito.

Il ripetersi di ulteriori perdite non consentirà la loro copertura con le risorse aziendali, in quanto esaurite, ma occorrerà iniettare nell'impresa nuova liquidità, con inevitabile aumento dei debiti nei confronti dei finanziatori. I nuovi debiti potranno essere contratti con gli istituti di credito, che chiederanno adeguate garanzie prima di immettere ulteriore liquidità nella società. Molto probabilmente la banca chiederà un'ipoteca, cioè una garanzia reale, su beni di valore come immobili o simili.

Nel caso in cui la banca non provvedesse a finanziare l'impresa, se si vuole continuare l'attività, si rende necessario l'intervento dei soci o di terzi. Il socio potrebbe conferire nuova liquidità senza garanzie solo per permettere di continuare l'impresa, rinunciando anche alla remunerazione degli interessi attivi richiesti dalle banche. L'assenza della remunerazione del capitale immesso in azienda non è la sola differenza rispetto al finanziamento eseguito dai soci. Questi ultimi, infatti, possono conferire non solo liquidità in senso stretto, ma anche crediti o beni. A differenza degli istituti di credito, inoltre, non sempre è previsto un piano di rientro prestabilito, come avviene con le banche. I soci potrebbero lasciare la propria liquidità per un tempo discretamente lungo oppure, nell'ipotesi peggiore, decidere di rinunciare al rimborso.

È chiaro che l'erosione della liquidità, determinata dal ripetersi delle perdite economiche, comporta un appesantimento dei debiti e una riduzione degli investimenti nei settori non immediatamente produttivi. Si tagliano le risorse ai reparti di ricerca, marketing, addestramento ecc. L'impresa cessa di essere competitiva e comincia a subire l'aggressione della concorrenza.

È evidente che questa politica è un cane che si morde la coda. Meno investo in innovazione, meno sarò competitivo e minori saranno i ricavi. Così facendo avrò meno liquidità e sarò ancora meno competitivo, innescando un aggravamento della situazione. Le suddette scelte gestionali determinano il prosciugamento di alcuni settori per dedicare la liquidità risparmiata al pagamento dei fornitori più critici. Per fornitori critici intendo principalmente coloro che risultano strategici per la continuità aziendale. Fra questi sono sicuramente essenziali i fornitori che approvvigionano l'azienda con le materie prime, necessarie alla produzione, oppure i fornitori di risorse energetiche – utenze di forza motrice o gas – senza le quali tutta la produzione si ferma.

Sono fornitori strategici anche i lavoratori, in quanto l'omesso pagamento delle loro buste paga potrebbe innescare la reazione delle organizzazioni sindacali, con evidenti ripercussioni sulla produzione. L'imprenditore deve stare molto attento in questa fase in cui stanno emergendo le prime avvisaglie della crisi.

REGOLA n. 3: l'approssimarsi dello stato di insolvenza deve essere attentamente valutato dall'imprenditore perché può determinare le conseguenze spiacevoli della Legge fallimentare e i reati tipici di tali procedure.

La prima verifica che devi eseguire è se la tua attività supera i limiti dimensionali per innescare il fallimento. La Legge fallimentare è molto rigorosa in questo e prevede requisiti soggettivi e oggettivi ben definiti.

Requisito soggettivo per fallire

È sottoposto alle procedure concorsuali solo l'«imprenditore commerciale». Secondo il Codice civile (art. 2195), è imprenditore commerciale colui che svolge:

- un'attività industriale diretta alla produzione di beni o di servizi;
- un'attività intermediaria nella circolazione dei beni (attività commerciale in senso stretto);
- un'attività di trasporto per terra, per acqua e per aria;
- un'attività bancaria o assicurativa;
- attività ausiliarie delle precedenti.

Non è fallibile un soggetto diverso da quello che esercita una delle attività precedentemente descritte. Ad esempio, un professionista, come un avvocato, un medico, un commercialista, non è imprenditore commerciale e quindi non è fallibile.

Escluso dal fallimento è il privato consumatore, vale a dire il soggetto che agisce in modo non professionale e che quindi non ha una partita IVA. Non può fallire nemmeno l'artigiano, in quanto la legge gli garantisce una sorta di immunità, essendo un operatore economico notoriamente debole che lavora prevalentemente con la propria forza lavoro manuale.

La legge quadro 443/1985, infatti, detta alcuni criteri necessari per l'individuazione dell'artigiano. Sulla falsariga dell'art. 2083 del Codice civile, la legge quadro dispone che l'artigiano, per essere tale, deve svolgere «in misura prevalente il proprio lavoro, anche manuale, nel processo produttivo».

Il concetto di prevalenza va inteso nel senso che sebbene la legge dica chiaramente che l'artigiano non può fallire, tale regola si disapplica tutte le volte in cui la dimensione dell'azienda diventi tale da potersi considerare una normale attività commerciale.

La sentenza di Cassazione a Sezioni Unite del 20.03.2015 n. 5685 precisa, infatti, che «l'artigiano peraltro va considerato un normale imprenditore commerciale, come tale sottoposto alle procedure concorsuali, allorché abbia organizzato la sua attività in guisa da costituire una base di intermediazione speculativa e da far assumere al suo guadagno i connotati del profitto, avendo in tal modo organizzato una vera e propria struttura economica a carattere industriale con un'autonoma capacità produttiva sicché l'opera di esso titolare non sia più né esistenziale né principale».

Si legge in sentenza che per accertare la ricorrenza della qualità di piccolo imprenditore (non assoggettabile a fallimento) occorre valutare alcuni criteri tra cui l'attività svolta, il capitale impiegato, l'entità dell'impresa, il numero dei lavoratori, l'entità e qualità della produzione, i finanziamenti ottenuti e tutti quegli elementi atti a verificare se l'attività venga svolta con la prevalenza del lavoro dell'imprenditore e della propria famiglia.

Con la stessa logica di tutela dei soggetti economicamente più deboli non possono fallire nemmeno l'imprenditore agricolo e l'ente non commerciale, a meno che non svolgano attività commerciali.

REGOLA n. 4: requisito soggettivo: è fallibile solo l'imprenditore commerciale; non sono fallibili i professionisti, gli artigiani, l'imprenditore agricolo e gli enti non commerciali.

Il motivo di questa preferenza sta nel fatto che l'imprenditore commerciale si caratterizza per una frequente ed estesa ramificazione di rapporti stretti con il mercato in cui opera. In altri paesi, come ad esempio in Germania, in Inghilterra e negli Stati Uniti, non è prevista alcuna preferenza e, pertanto, qualsiasi debitore insolvente è soggetto alle procedure concorsuali.

Dalla lettura della riforma fallimentare in corso pare che le esclusioni precedentemente descritte saranno riviste, potendo assoggettare al procedimento di accertamento dello stato di crisi o di insolvenza ogni categoria di debitore, sia esso persona fisica o giuridica, ente collettivo, consumatore, professionista o imprenditore esercente un'attività commerciale, agricola o artigianale, con esclusione dei soli enti pubblici.

Requisito oggettivo per fallire

Oltre al requisito soggettivo – essere un imprenditore commerciale – un'impresa può incorrere nel fallimento solo se è acclarato lo stato di insolvenza, già commentato nel capitolo precedente, e se l'impresa supera i requisiti dimensionali previsti dall'art. 1 della Legge fallimentare.

L'imprenditore commerciale, infatti, è fallibile solo se:
1. l'attivo patrimoniale per un ammontare complessivo annuo è superiore a 300.000 euro nei tre esercizi antecedenti la data di deposito della domanda di ammissione alla procedura (ovvero nel minore periodo dall'inizio dell'attività);

2. i ricavi lordi per un ammontare complessivo annuo sono superiori a 200.000 euro nel medesimo arco temporale;
3. i debiti, compresi quelli non scaduti, sono superiori o pari a 500.000 euro.

REGOLA n. 5: requisito oggettivo: sei fallibile solo se sei un imprenditore commerciale e superi i requisiti dimensionali di cui all'art. 1 della Legge fallimentare.

Per ricapitolare, nella tabella che segue ti mostro tutti i casi possibili.

Tabella 2: Verifica del requisito soggettivo di fallibilità

Tipologia di debitore	Verifica fallibilità
Privato (es. consumatore o persona fisica non imprenditore)	NO
Lavoratore autonomo (es. professionista, avvocato, medico, commercialista ecc.)	NO
Ente non commerciale	NO
Artigiano	NO se l'attività è svolta come piccolo imprenditore
Imprenditore commerciale	Si a condizione che siano superati i limiti dimensionali di cui all'art. 1 L.F.
Imprenditore agricolo	NO

(Fonte: elaborazione personale)

Per comprendere meglio quanto detto sinora, facciamo un esempio.

Si supponga che l'impresa commerciale Alfa abbia questi valori:

Tabella 3: Esempio impresa Alfa non fallibile

VERIFICA FALLIBILITA'	Anno N - 2	Anno N - 1	Anno N
Attivo patrimoniale	290.000	150.000	120.000
Ricavi lordi	180.000	60.000	130.000
Debiti alla data dell'istanza di fallimento	450.000	300.000	200.000

(Fonte: elaborazione personale)

Si può notare che l'impresa non è fallibile perché non supera i limiti dimensionali previsti dalla normativa.

Facciamo un altro esempio supponendo che l'impresa Beta abbia i seguenti valori:

Tabella 4: Esempio impresa Alfa fallibile

VERIFICA FALLIBILITA'	Anno N - 2	Anno N - 1	Anno N
Attivo patrimoniale	**310.000**	150.000	120.000
Ricavi lordi	180.000	60.000	130.000
Debiti alla data dell'istanza di fallimento	450.000	300.000	200.000

(Fonte: elaborazione personale)

In questo caso la società risulta fallibile in quanto nell'anno N-2 supera i valori minimi dell'attivo patrimoniale. L'imprenditore, tuttavia, dovrà monitorare con estrema attenzione anche tutti i fornitori che presentano un saldo a credito superiore a 30.000 euro. E sai perché? Il motivo è contenuto nella Legge fallimentare (art. 15, comma 9) in cui si dispone che non si fa luogo alla dichiarazione di fallimento se l'ammontare dei debiti scaduti (e quindi esigibili) non pagati, risultanti dagli atti dell'istruttoria prefallimentare, è complessivamente inferiore a 30.000 euro.

Per evitare l'apertura di fallimenti in cui presumibilmente vi è un passivo ridotto, con il rischio di andare incontro a spese poco produttive, il legislatore ha posto un'ulteriore soglia minima di indebitamento, per la quale il fallimento, pur ricorrendone le condizioni, non va dichiarato.

REGOLA n. 6: non si procede al fallimento se l'ammontare dei debiti scaduti non supera la soglia dei 30.000 euro.

La definizione dei requisiti di fallibilità è di cruciale importanza. Nell'ipotesi in cui fosse pubblicata, per l'imprenditore fallito la sentenza di fallimento determina, infatti, la possibilità di incorrere in tutti i reati tipici delle procedure concorsuali. Di conseguenza, quando comincia a manifestarsi la crisi vera e propria, l'imprenditore deve porre molta attenzione alle proprie azioni. Ad esempio, se l'imprenditore avesse i requisiti per fallire, potrebbe imbattersi in responsabilità gravi preferendo pagare qualcuno e qualcun altro no.

Se infatti pagare i propri creditori è un dovere, non è consentito all'imprenditore decidere chi pagare e chi mettere in coda. Preferire un creditore rispetto un altro, appunto, è una condotta sanzionata dalla legge. Nello specifico, un simile comportamento assunto dall'imprenditore certamente potrebbe portargli giovamento, ma realizzerebbe il delitto della cosiddetta *bancarotta preferenziale*.

Secondo la Legge fallimentare è punito colui che, volutamente, preferisce soddisfare alcuni creditori invece di altri, violando così la parità di trattamento dei creditori prevista dal Codice civile all'art. 2741, nota anche con il latinismo *par condicio creditorum*. La preferenza nel pagamento è un reato fallimentare molto diffuso. L'art 216 della Legge fallimentare, al terzo comma, dispone che:

«È punito con la reclusione da uno a cinque anni il fallito, che, prima o durante la procedura fallimentare, a scopo di favorire, a danno dei creditori, taluno di essi, esegue pagamenti o simula titoli di prelazione».

REGOLA n. 7: nell'ipotesi di fallimento, preferire chi pagare a discapito di altri creditori può perfezionare il delitto di bancarotta preferenziale.

Accade spesso che l'imprenditore, serrato ai fianchi dai creditori più insistenti, con le ultime risorse paghi solo questi ultimi a scapito di altri più arrendevoli. Prima che la situazione determini una sentenza di fallimento, ci possono essere ancora margini di manovra.

In queste prime fasi, un'azione decisa potrebbe determinare la correzione degli errori gestionali che hanno determinato la perdita di valore dell'impresa. Se invece l'imprenditore non interviene e si lascia sopraffare dagli accadimenti senza governarli, la situazione degrada ulteriormente e il declino diventa crisi.

Terzo stadio: l'*emersione* della crisi

Il ripetersi degli squilibri economici determina un'ulteriore contrazione dei flussi di cassa. L'impresa non riesce a far fronte ai pagamenti. La crisi comincia a emergere all'esterno e anche i terzi avvertono i problemi che nelle fasi precedenti non erano ancora visibili fuori dall'impresa. Si crea un'atmosfera di sfiducia e i soggetti che interagiscono con l'impresa non le riconoscono più l'affidabilità che prima le era garantita. In tal senso si chiede il pagamento immediato dei crediti, non si concedono dilazioni e si innescano ulteriori rigidità che portano solo a ulteriori erosioni della scarsa liquidità disponibile.

In questa situazione, l'imprenditore potrebbe essere tentato dall'eseguire manovre truffaldine sul proprio bilancio cercando di rendere i conti aziendali più performanti rispetto alla realtà che rappresentano. Per nascondere lo stato di decozione in cui è caduto, l'imprenditore potrebbe operare un *maquillage* alle poste di bilancio che gli consente di nascondere o rimandare le perdite di esercizio, oppure di esprimere utili che in realtà non si sono realizzati.

Fra le manovre più comuni per arginare le perdite vi sono le valutazioni del magazzino artefatte. Il magazzino, a fine anno, viene spesso sovrastimato. Ti spiego perché. Non essendoci stata una connessione con i ricavi di vendita, i costi produttivi che formano il magazzino vengono rettificati e rinviati all'esercizio successivo. In altre parole miglioro il risultato del bilancio in chiusura se tolgo costi e li riporto nell'esercizio seguente. Più aumento il magazzino e più alto sarà l'utile. È evidente che questa valutazione può essere manipolata ad arte, anche con scopi fraudolenti.

Spesso, a un certo punto della vita dell'impresa in crisi, il magazzino viene sgonfiato. Sembrerebbe naturale avere un corrispondente aumento delle vendite: riduco il magazzino appunto perché ho venduto beni. Nelle imprese in crisi queste vendite mancano, segnale che l'attivo può essere stato venduto in nero. Sono innumerevoli le azioni che possono essere eseguite per alterare la contabilità solo allo scopo di procrastinare il dissesto. In realtà, così facendo si sta commettendo un altro reato fallimentare molto grave denominato *bancarotta fraudolenta*.

Alterando e falsificando i dati contabili allo scopo di procurarsi un ingiusto profitto, di recare pregiudizio ai creditori o di rendere difficile la ricostruzione del patrimonio o del movimento degli affari, si commette il reato di bancarotta fraudolenta. Questa è una condotta che è severamente punita e che prevede la reclusione da tre a dieci anni per l'imprenditore fallito.

Nel corso della mia esperienza ho sentito dai falliti le scuse più fantasiose. Chi non consegnava la contabilità raccontando che i locali erano stati inondati o che la contabilità era stata rubata, o smarrita, senza però produrre alcuna denuncia o comunicazione in tal senso. Chi incolpava il proprio ex commercialista, salvo poi scoprire che lo stesso aveva rinunciato all'incarico con raccomandata, cosa che dimostrava la propria innocenza ed estraneità ai fatti. La scusa più gettonata è comunque quella di far finta di non sapere cosa sia successo, dimostrando un ingenuo disinteresse per gli adempimenti contabili e fiscali.

Tutte queste condotte espongono l'imprenditore in crisi alle responsabilità di cui parlavo prima. Esistono, tuttavia, condotte più sofisticate per nascondere le perdite che un curatore fallimentare competente e di esperienza è in grado di intercettare. Facciamo un esempio. Il bilancio della società Delta chiude con un piccolo utile di 10.000 euro. Nell'attivo di stato patrimoniale, tuttavia, è presente un credito commerciale di 20.000 euro verso clienti molto datato.

L'imprenditore conosce bene la situazione, sa che quel credito non potrà essere incassato perché il cliente è fallito, o non è più rintracciabile, o perché il credito è prescritto. Il termine di prescrizione ordinario dei crediti è di 10 anni, ma sono previste dal Codice civile determinate prescrizioni brevi di 5 anni agli artt. 2947, 2948, 2949. In simili ipotesi contrattuali è prevista anche la prescrizione annuale (si vedano gli artt. 2950, 2951, 2952 del Codice civile).

Una condotta corretta dovrebbe indurlo a svalutare il credito del tutto o in parte. L'imprenditore sa bene che, se il credito fosse messo a perdita su crediti per 20.000 euro, l'utile di 10.000 euro diventerebbe una perdita di pari importo.

La perdita, una volta visualizzata dalle banche che finanziano l'impresa, comporterebbe necessariamente, come ritorsione, la chiusura o la riduzione degli affidamenti. Di fronte a questa prospettiva, l'imprenditore decide quindi di non svalutare il credito, anche se inesigibile, e di lasciarlo in bilancio pur sapendo che non ha alcun valore.

Così facendo, sta commettendo un ulteriore reato, perché sta alterando la sua situazione contabile mostrando una solidità che non ha.

Come si può capire se l'imprenditore aveva agito in malafede esponendo in bilancio crediti inesigibili e non provvedendo alla loro svalutazione? La soluzione è più semplice di quanto si possa immaginare. Una volta che è stato aperto il fallimento, e con la sentenza dichiarativa è stato nominato il curatore, a quest'ultimo basterà chiedere al cliente la conferma del credito mediante una lettera di sollecito di pagamento.

Il testo della richiesta potrebbe essere il seguente: «Nella mia qualità di *curatore* del fallimento Delta Srl n. XYZ/2018, sentenza n. XYZ/2018 per rappresentarle che dalla contabilità in mio possesso risultate a debito per l'importo di euro 20.000. Vi diffido pertanto formalmente a versare detto importo entro 7 giorni dalla ricezione della presente. Il presente sollecito valga pertanto a tutti gli effetti di legge come formale costituzione in mora, ai sensi dell'art. 1219 c.c.»

Il cliente risponderà che il credito è prescritto, dimostrando che è inesigibile. Se non risponde affatto, perché è cessato, fallito o irreperibile, non cambia nulla, il credito molto probabilmente doveva essere svalutato. Ora capirai bene perché i falliti solitamente non sono collaborativi con la procedura e con i curatori e cercano di non consegnare o distruggere la contabilità che li potrebbe incriminare. Per tali ragioni è pesantemente punito l'imprenditore che non consegna una contabilità correttamente tenuta.

Come potrai notare, con l'aggravarsi della situazione aziendale l'imprenditore comincia a camminare in un campo minato e ogni sua azione gli si potrebbe ritorcere contro o essere, successivamente, contestata a seguito della sentenza di fallimento.

Quarto stadio: l'*esplosione* della crisi

Con l'involvere della situazione, si procede verso l'ultimo stadio della crisi. L'impresa non è più in grado di far fronte regolarmente ai propri impegni e pagamenti e precipita in una situazione di insolvenza.

La situazione è talmente grave che tutti gli stakeholder sono coinvolti. In questo contesto, non è raro che l'imprenditore continui a ricorrere al credito, abusivamente, dissimulando il proprio stato di salute aziendale, in modo da far fronte ai pagamenti che assillano l'impresa.

Una condotta simile, esattamente come quelle commentate in precedenza, è un reato, perché l'imprenditore ottiene nuova finanza presentando dei conti diversi dalla realtà che gli stessi rappresentano.

Spesso l'imprenditore potrebbe inviare in banca un bilancio infra-periodo in cui non sono correttamente rappresentati tutti i costi, oppure dove i ricavi sono esagerati. La banca potrebbe riporre fiducia in un risultato che in realtà non esiste e affidare all'impresa nuovi finanziamenti.

Altra condotta censurabile è quella che consiste nel presentare in banca delle ricevute bancarie a fronte di fatture inesistenti. Con questo artificio la banca anticipa il credito e l'impresa ottiene liquidità immediata. In realtà le fatture anticipate non vengono poi incassate, lasciando sull'istituto di credito tutto il rischio dell'operazione.

La banca, infatti, riaddebiterà gli insoluti al cliente ma questi, se è in crisi grave, molto probabilmente non riuscirà a coprire lo scoperto. Le tipologie di condotta censurabile dell'imprenditore sono veramente molte e non vi è in questo libro lo spazio per approfondirle con la cura che meriterebbero.

Sarà utile però ricapitolare, nella grafica che segue, in modo sintetico e schematico, il processo di evoluzione che abbiamo descritto finora.

Tabella 5: Evoluzione del processo di declino in crisi da dissesto.

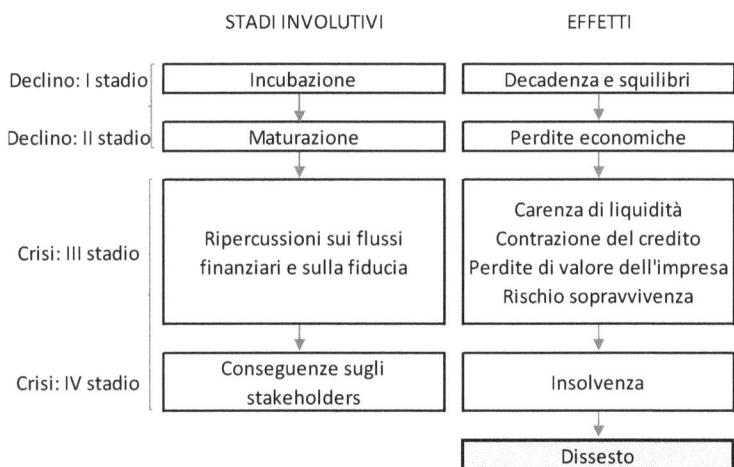

	STADI INVOLUTIVI	EFFETTI
Declino: I stadio	Incubazione	Decadenza e squilibri
Declino: II stadio	Maturazione	Perdite economiche
Crisi: III stadio	Ripercussioni sui flussi finanziari e sulla fiducia	Carenza di liquidità Contrazione del credito Perdite di valore dell'impresa Rischio sopravvivenza
Crisi: IV stadio	Conseguenze sugli stakeholders	Insolvenza
		Dissesto

(Fonte: elaborazione personale)

Come avrai capito, esiste una correlazione tra il tempo che trascorre e la gravità della situazione che investe l'impresa, da una parte, e la diminuzione del valore prodotto dall'attività svolta, e quindi dei flussi di cassa che derivano dalla produzione, dall'altra. Le suddette correlazioni si possono esprimere in un utile grafico che rende immediatamente chiaro come il decadimento della situazione involva sino a un livello ingestibile e non più reversibile.

Grafico 1:

Correlazione tra tempo/gravità e valore prodotto/flussi di cassa.

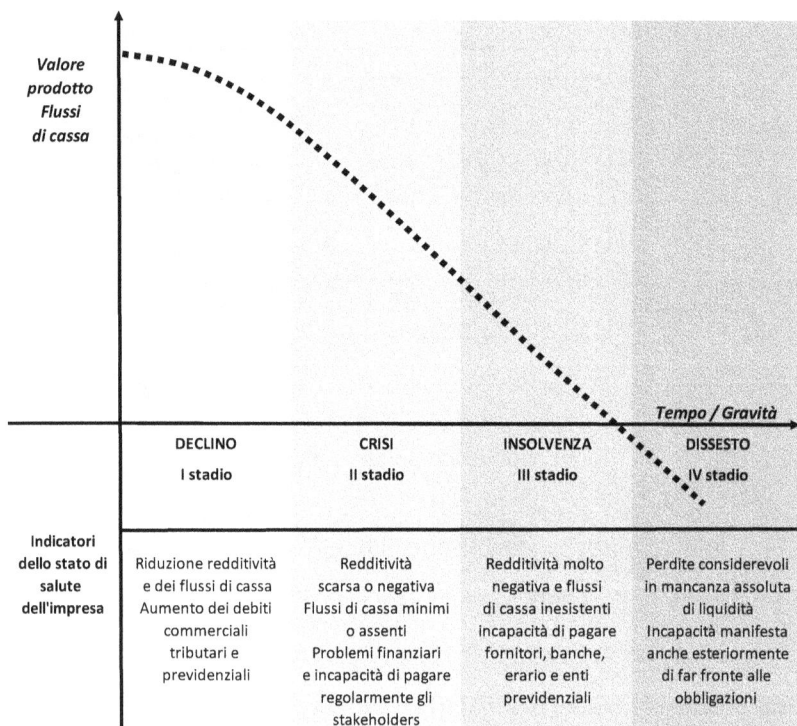

Indicatori dello stato di salute dell'impresa	DECLINO — I stadio	CRISI — II stadio	INSOLVENZA — III stadio	DISSESTO — IV stadio
	Riduzione redditività e dei flussi di cassa Aumento dei debiti commerciali tributari e previdenziali	Redditività scarsa o negativa Flussi di cassa minimi o assenti Problemi finanziari e incapacità di pagare regolarmente gli stakeholders	Redditività molto negativa e flussi di cassa inesistenti incapacità di pagare fornitori, banche, erario e enti previdenziali	Perdite considerevoli in mancanza assoluta di liquidità Incapacità manifesta anche esteriormente di far fronte alle obbligazioni

(Fonte: Rielaborazione personale della figura a pag. 10 di E. Giacosa e A. Mazzoleni, *La previsione della crisi d'impresa: strumenti e segnali di allerta*, Giuffrè, 2016).

Nel grafico a seguire, invece, ti mostro quali siano gli strumenti che possono essere adottati e in quali tempi si può intervenire in relazione alla gravità della situazione aziendale.

Grafico 2:
Correlazione tra tempo/gravità e strumenti adottabili.

		Misure di intervento	Tempi di esecuzione	Strumento utilizzabile
	Declino	Riorganizzazione strategica: verifica della redditività mediante analisi dei ricavi e dei costi	2 o 3 anni	Piano industriale
	Crisi	Riduzione delle perdite	1 anno	Progetto di risanamento con continuità dell'attività
	Insolvenza	Accordi con i creditori	6 mesi	Progetto di risanamento con continuità dell'attività o liquidazione
	Dissesto	Interruzione pagamenti	meno di 6 mesi	Liquidazione

(Fonte: elaborazione personale)

99

Nel capitolo successivo, ti spiegherò come capire se sei in crisi, in quale stadio ti trovi e quali armi puoi utilizzare.

RIEPILOGO DEL CAPITOLO 2:

- REGOLA n. 1: il processo di decadimento dell'impresa è costituito da 4 fasi: le prime due identificano una situazione denominata *declino* e, se il processo di involuzione non viene interrotto, il declino determina due ulteriori fasi che vengono definite *crisi*.

- REGOLA n. 2: con la contrazione della reddittività, l'impresa riduce anche i flussi di cassa e si determinano tensioni finanziarie.

- REGOLA n. 3: l'approssimarsi dello stato di insolvenza deve essere attentamente valutato dall'imprenditore perché può determinare le conseguenze spiacevoli della Legge fallimentare e i reati tipici di tali procedure.

- REGOLA n. 4: requisito soggettivo: è fallibile solo l'imprenditore commerciale; non sono fallibili i professionisti, gli artigiani, l'imprenditore agricolo e gli enti non commerciali.

- REGOLA n. 5: requisito oggettivo: sei fallibile solo se sei un imprenditore commerciale e superi i requisiti dimensionali di cui all'art. 1 della Legge fallimentare.

- REGOLA n. 6: non si procede al fallimento se l'ammontare dei debiti scaduti non supera la soglia dei 30.000 euro.

101

- REGOLA n. 7: nell'ipotesi di fallimento, preferire chi pagare a discapito di altri creditori può perfezionare il delitto di bancarotta preferenziale.

Capitolo 3:
Le nuove procedure di preallerta

«Sono tutte le piccole decisioni che non si prendono lungo il cammino quelle che portano al fallimento. È l'incapacità ad andare fino in fondo. È l'incapacità ad agire, a perseverare» (*Anthony Robbins*, formatore statunitense professionista dello sviluppo personale).

Lo sai che, anche se sei in crisi, puoi avere una seconda possibilità? Lo sai che questa seconda opportunità è prevista da una nuova normativa a supporto degli imprenditori in difficoltà? In questo capitolo ti spiegherò come funziona questo percorso di salvezza e di redenzione aziendale.

Il legislatore ha compreso che le possibilità di salvaguardare i valori di un'impresa in difficoltà sono direttamente proporzionali alla tempestività dell'intervento risanatore. Viceversa, l'inerzia e il ritardo nel percepire i primi segnali della crisi sono condotte colpevoli che determinano il conclamarsi dello stato irreversibile di insolvenza e che inibiscono, quasi sempre, un efficace risanamento.

Vediamo alcuni numeri e statistiche ufficiali per capire le dimensioni del fenomeno. Dal 2009 il numero dei fallimenti è aumentato e solo di recente questo *trend* sembra aver subìto una battuta di arresto. Le stime affermano che in Europa ogni anno falliscono circa 200.000 imprese (circa 600 ogni giorno) con una corrispondente perdita di 1,7 milioni di posti di lavoro. Si calcola che il 43% dei cittadini europei non avvierebbe un'attività per timore di fallire.

Rispetto al 2009 (anno in cui è esplosa la crisi strutturale dell'eurozona) in Italia le chiusure di aziende imputabili a fallimenti o altre forme di cessazione dell'attività sono aumentate di oltre il 43%, passando da 9.384 nel 2009 a 12.009 nel 2017, sebbene questa tendenza pare che si stia invertendo a seguito della ripresa economica. Una percentuale importante di imprese e di posti di lavoro si sarebbe potuta mettere in salvo se si fossero adottate procedure di ristrutturazione tempestive che avrebbero, in tal modo, garantito la sopravvivenza delle aziende in una fase precedente all'insolvenza.

Gli effetti negativi di un'impresa caduta in insolvenza si traducono in minori percentuali di soddisfacimento dei creditori e in una lunga procedura concorsuale che, in media, si conclude in un periodo dai 2 ai 4 anni. L'intervento tempestivo volto a risolvere situazioni di difficoltà dell'imprenditore è un principio riconosciuto da tutti gli ordinamenti, primo fra tutti quello statunitense, ed è suggerito anche dalla Banca Mondiale e dalla Commissione delle Nazioni Unite per il diritto commerciale internazionale (UNCITRAL, o *United Nations Commission on International Trade Law*) come procedura auspicabile per la corretta gestione della crisi d'impresa.

La stessa Commissione dell'Unione Europea, con la Raccomandazione n. 135 del 12 marzo 2014, si propone l'obiettivo di garantire alle imprese sane in difficoltà finanziaria, ovunque siano stabilite nell'Unione, l'accesso a norme che permettano loro di ristrutturarsi in una fase precoce in modo da evitare l'insolvenza. Questo approccio consente di massimizzare il valore totale per i creditori, per i dipendenti, per i proprietari e per l'economia in generale, nella prospettiva di dare una seconda opportunità agli imprenditori onesti che falliscono.

Sta diventando comune l'idea che sia necessario evitare di stigmatizzare gli imprenditori onesti che cadono in difficoltà finanziaria. Gli imprenditori non devono essere dissuasi dall'intraprendere una propria attività e, data l'alta probabilità statistica di fallire, non deve essere loro negata una seconda opportunità.

REGOLA n. 1: l'Unione Europea promuove e incentiva gli Stati membri ad adottare adeguate normative interne atte a promuovere una seconda opportunità per gli imprenditori onesti che si trovano in crisi.

È dimostrato, infatti, che gli imprenditori dichiarati falliti hanno maggiori probabilità di avere successo la seconda volta, proprio sulla scorta dell'esperienza e degli errori commessi. Si stima che la concessione di una seconda opportunità agli imprenditori onesti, per riavviare una nuova attività commerciale, potrebbe creare circa 3 milioni di posti di lavoro in Europa.

Con queste affermazioni non voglio sostenere l'assunto che la crisi d'impresa sia sempre risolta con un intervento immediato alle prime avvisaglie del declino. Non voglio nemmeno che passi il concetto che qualsiasi azienda debba essere salvata per forza e a qualsiasi costo. Accade, infatti, che il mercato veda proporsi operatori economici dequalificati per fare impresa, soggetti che non hanno le caratteristiche genetiche dell'imprenditore, nessuna attitudine o risorse insufficienti.

Fra questi vi sono gli imprenditori che non comprendono il proprio posizionamento o che si propongono in un settore già saturo di offerta o che non riescono a organizzare un processo produttivo efficiente. Solitamente questi imprenditori si presentano al mercato non formati e non hanno nessun desiderio di acquisire nuove capacità.

Tutte le iniziative che questi soggetti prenderanno non andranno a buon fine, perché non sanno fare impresa e non vogliono formarsi per migliorare e colmare le proprie lacune. Per questi soggetti che, con azzardo, potrei definire irrecuperabili, il dissesto può costituire solo una buona opportunità per cedere l'azienda o per trasferirne il controllo a imprenditori più capaci o dotati di maggiori mezzi.

Può suonare sgradevole, ma nel mercato non merita di sopravvivere un progetto imprenditoriale che non è in grado di creare ricchezza e utilità. Un soggetto simile non è capace di stare in piedi, divora solo energia, spesso altrui, e può infettare altri soggetti onesti che operano correttamente sul mercato.

Si pensi al caso di un'impresa che decide di investire ed effettuare un ordine di macchinari ben sapendo di non poterli pagare perché è in crisi. Un simile operatore, non pagando la fornitura, creerà seri problemi anche al fornitore. Come abbiamo visto nelle pagine precedenti, per produrre quel bene il fornitore ha già sostenuto ingenti spese in materie prime, manodopera ecc. Se la fornitura non verrà pagata dal cliente in crisi, non si riusciranno a ripagare i costi anticipati, con la conseguenza che lo stesso fornitore onesto entrerà a sua volta in crisi.

Come puoi notare, il contagio economico della crisi si trasferisce da un operatore all'altro con il rischio di far crollare tutto il sistema. Quante volte è lo Stato a essere cattivo pagatore e a determinare la disgregazione di imprese oneste che non vengono remunerate per le forniture eseguite in buona fede?

La nuova normativa di preallerta della crisi si pone l'obiettivo di impedire questo contagio, eliminando dal mercato chi non sa sopravvivere e aiutando chi, invece, può essere guarito perché il proprio stato di salute consente ancora manovre di risanamento. Per adeguarsi al nuovo corso che vuole offrire una seconda chance all'imprenditore meritevole, all'inizio del 2015, in Italia è stata costituita una Commissione parlamentare con l'obbiettivo di modificare l'attuale impianto legislativo fallimentare. La suddetta commissione è presieduta dal dott. Renato Rordorf, un magistrato.

Lo scopo della Commissione Rordorf è consentire la diffusione di nuove norme e principi, in modo da riparare all'ampia diffusione di imprenditori in crisi iniziata dal 2008. La prima rivoluzione introdotta è l'abbandono del termine "fallimento". Come avvenuto nei paesi europei di *civil law* (come la Francia, la Germania e la

Spagna) il termine fallimento viene archiviato per evitare al soggetto in crisi l'aura di discredito e negatività che storicamente accompagna la parola.

Ti ricordi che nell'introduzione ho raccontato del berretto verde che, a Roma, si imponeva al fallito di indossare per schernirlo? Ecco, si vuole eliminare il termine fallimento dalla Legge fallimentare e da quelle derivate per sostituirlo con la locuzione, più neutra, "liquidazione giudiziale".

La volontà del legislatore pare essere quella di voler sdoganare il concetto di fallimento con l'intento di renderlo un accadimento che può capitare a ogni imprenditore. Fallire in un'impresa deve diventare uno dei risultati possibili senza condannare chi ha tentato un business che non ha funzionato.

REGOLA n. 2: per evitare la negatività e il discredito della parola "fallimento", la norma prevede la sua sostituzione con la locuzione "liquidazione giudiziale".

Se ci pensi bene, negli Stati Uniti chi ha fallito per poi riuscire in un'impresa è visto come l'eroe che non si è piegato alle proprie difficoltà, ma che le ha risolte creando le premesse del proprio successo. Vuoi qualche nome per verificare? Walt Disney, il re dei cartoon e papà di Topolino, fu licenziato dal giornale in cui scriveva a inizi carriera perché gli mancava l'immaginazione e perché non aveva buone idee. Dopo l'esperienza giornalistica, Walt fallì ancora portando alla bancarotta diverse sue società e, fra queste, la sua prima attività. Gli fu persino detto che i suoi cartoni spaventavano le donne e che dovevano essere banditi. La sua idea imprenditoriale venne respinta ben 302 volte prima di ottenere finalmente i finanziamenti necessari alla costituzione della Walt Disney Company. Oggi quell'impresa fattura miliardi di dollari.

Un esempio più recente è quello dell'attuale presidente degli Stati Uniti, Donald Trump. Si racconta che negli anni '90 avesse accumulato un miliardo di dollari di debiti. Tutti i giornali lo davano per spacciato. Nella sua biografia si legge che, un giorno, accompagnato da sua figlia, indicò un senzatetto per strada ed esclamò: «Vedi quel barbone? Ha un miliardo di dollari in più di me», alludendo al fatto che non fosse così indebitato come lo era lui. Quello, ha riferito, fu il punto più basso della sua carriera. Poi Trump procedette al più grande risanamento finanziario della storia, per il quale figura nel Guinness dei primati. Aveva un debito da un miliardo di dollari ma oggi, secondo la rivista *Forbes*, possiede un patrimonio di oltre 3,5 miliardi di dollari.

Ora mi obietterai che queste cose possono succedere solo in America. Allora forse non conosci la storia di Soichiro Honda. Il fondatore della nota casa automobilistica iniziò la sua avventura con un fallimento. Da studente aprì un piccolo laboratorio e progettò una strana fascia elastica da posizionare intorno alla testa del pistone, che si adattava perfettamente alla superficie interna del cilindro. Voleva vendere quell'idea alla Toyota, ma fu deriso e l'idea rifiutata. Decise quindi di fare da solo. Oggi la Honda Corporation è una delle più grandi aziende automobilistiche del mondo.

Il noto arrampicatore francese Alain Robert, noto per aver scalato a mani nude i grattacieli più famosi del mondo, a 20 anni cadde da 15 metri di altezza e si causò fratture multiple. Non riuscirono a fermarlo ed è diventato "the human spider". Sua è la frase: «Accettare il fallimento è un'attitudine da vincenti».

Sono innumerevoli le storie che potrei riportare per dimostrarti che un uomo non può essere fermato se crede in se stesso. Non so se il legislatore si sia ispirato a vicende simili, ma quel che conta è che ora si è finalmente capito che il fallimento è una caratteristica dell'uomo, che sia o meno un imprenditore.

Sai quali sono gli strumenti a tutela dell'imprenditore che cade in crisi? Con lo scopo di anticipare gli esiti di una liquidazione giudiziale la riforma fallimentare introduce una novità nel nostro ordinamento legislativo: le *procedure di allerta*.

L'ispirazione è presa dal modello vigente da anni in Francia, dove è in vigore un insieme di norme tese a favorire l'adozione di misure tempestive nei confronti delle imprese in difficoltà. Con tali procedure si vuole favorire l'emersione anticipata delle insolvenze, evitando che i tardivi accertamenti dei dissesti aziendali, coniugati con la nota lungaggine della giustizia italiana, si traducano in rimborsi insoddisfacenti ai creditori concorsuali e, fra questi, l'Erario e gli Enti previdenziali. Lo scopo del nuovo impianto normativo è rivolto quindi alla conservazione del valore aziendale. Si punta a mantenere in piedi l'attività produttiva attraverso una serie di strumenti diversi, adatti ad assistere l'impresa.

REGOLA n. 3: la riforma fallimentare introduce le procedure di allerta con lo scopo di prevenire dissesti più gravi in modo tempestivo.

Le nuove procedure sono imperniate sull'istituzione di un organismo di allerta e di composizione assistita delle crisi che coadiuvi l'impresa a percepire i primi segnali premonitori della situazione di crisi, al fine di anticiparne la diagnosi e la cura. Una terapia precoce, infatti, eviterebbe che lo squilibrio economico-finanziario degradi allo stadio irreversibile dell'insolvenza.

Qualora il dissesto non fosse fermato per tempo, non potrebbero essere salvaguardati i valori aziendali, non vi sarebbe la possibilità di continuare l'attività e l'unica prospettiva all'orizzonte potrebbe essere solo una soluzione liquidatoria.

A tal fine, presso ogni Camera di Commercio (CCIAA) verrà istituito un "Organismo di allerta e di composizione assistita delle crisi" (cosiddetto OACAC, d'ora in poi "Organismo") al quale l'imprenditore potrà rivolgersi. Ogni Organismo dovrà nominare un collegio di almeno tre esperti, scelti tra gli iscritti all'albo di chi svolge, su incarico del Tribunale, funzioni di gestione e controllo nelle procedure concorsuali. Per garantire la preparazione e la professionalità degli esperti, è previsto che la designazione sia attinta dai nomi presenti in un Albo nazionale di curatori fallimentari e commissari, di prossima costituzione, tenuto presso il Ministero della Giustizia.

Con le procedure di allerta, quindi, l'imprenditore utilizza strumenti di natura non giudiziale ma "confidenziale". Con soluzione confidenziale si intende che la procedura ha natura amministrativa e non giudiziale, non determina cioè un coinvolgimento del Tribunale del luogo in cui il debitore ha sede. La confidenzialità si realizza anche per l'assenza di pubblicità e per gli obblighi di riservatezza delle informazioni acquisite dall'Organismo.

REGOLA n. 4: le procedure di allerta consentono di risolvere la crisi senza intervento del Tribunale se le misure adottate risultano idonee e non sfociano nella fase di liquidazione giudiziale.

La suddetta natura amministrativa della procedura non inibisce, a richiesta dell'imprenditore, l'adozione da parte del giudice di misure protettive temporanee, funzionali al buon esito della trattativa tra creditori. In buona sostanza, l'imprenditore in crisi potrà chiedere al Tribunale opportune misure, come ad esempio la sospensione temporanea delle azioni esecutive, per evitare che la composizione della crisi sia minata *in itinere* dalla richiesta di altri creditori concorrenti con quelli già in trattativa.

È evidente che tali misure a favore dell'imprenditore in difficoltà saranno revocate qualora siano state assunte con frode o nella prospettiva di un'impossibile soluzione concordata della crisi. Il superamento della crisi, il recupero dell'equilibrio economico-finanziario, sarà imperniato sull'avvio di trattative con i creditori, con lo scopo di giungere a una soluzione concordata. Vediamo ora le quattro tappe e l'iter di questa procedura di allerta.

PRIMA fase: Istanza del debitore e segnalazione dei creditori pubblici

La procedura si innesca su istanza volontaria del debitore che rivolge specifica domanda all'Organismo o su segnalazione di terzi qualificati. In questo momento, infatti, possono intervenire anche i creditori pubblici, vale a dire l'Agenzia delle Entrate, gli Agenti di riscossione e gli Enti previdenziali (come ad esempio l'Inps e l'Inail) per segnalare il perdurante omesso versamento di imposte e contributi previdenziali. Tali creditori dovranno avvisare il debitore se l'esposizione ha raggiunto un importo rilevante.

Con una logica incentivante e premiale, i creditori pubblici che non abbiano provveduto alla segnalazione tempestiva della mancata soddisfazione dei loro crediti, e che quindi non abbiano collaborato per evitare l'insolvenza dell'imprenditore, perderanno il privilegio sui propri crediti. In buona sostanza gli enti suddetti, se non saranno collaborativi, vedranno dequalificare i propri crediti al rango chirografo e non potranno essere soddisfatti se non a seguito del pagamento dei creditori di rango superiore.

Se entro tre mesi l'imprenditore non normalizza l'esposizione evidenziata dagli enti qualificati descritti in precedenza, gli stessi procedono con una segnalazione all'organo di controllo e all'Organismo di composizione.

Lo stesso imprenditore beneficia di misure premiali se attiva tempestivamente la procedura di allerta. Nel caso di una sua sollecita collaborazione, infatti, non sarà punibile per la *bancarotta semplice* e avrà un accesso facilitato all'esdebitazione, ovvero alla procedura che consente al debitore di essere liberato definitivamente dai propri debiti.

La bancarotta semplice è un reato disciplinato dall'art. 217 della Legge fallimentare. Esso dispone che: «È punito con la reclusione da sei mesi a due anni, se è dichiarato fallito, l'imprenditore che, fuori dai casi preveduti nell'articolo precedente: 1) ha fatto spese personali o per la famiglia eccessive rispetto alla sua condizione economica; 2) ha consumato una notevole parte del suo patrimonio in operazioni di pura sorte o manifestamente imprudenti; 3) ha compiuto operazioni di grave imprudenza per ritardare il fallimento; 4) ha aggravato il proprio dissesto astenendosi dal richiedere la dichiarazione del proprio fallimento o con altra grave colpa; 5) non ha soddisfatto le obbligazioni assunte in un precedente concordato preventivo o fallimentare. La stessa pena si applica al fallito che, durante i tre anni antecedenti alla dichiarazione di fallimento – ovvero dall'inizio dell'impresa, se questa ha avuto una minore durata – non ha tenuto i libri e le altre scritture contabili prescritti dalla legge o li ha tenuti in maniera irregolare o incompleta».

REGOLA n. 5: le procedure di allerta consentono misure premiali per l'imprenditore e per i creditori pubblici.

Devo osservare, tuttavia, che il ricorso volontario dell'imprenditore e la relativa autonomia della procedura di allerta non devono intendersi in senso assoluto. In altre parole, le procedure di allerta non inibiscono la legittimazione ad agire da parte degli organi istituzionali, come il pubblico ministero, nel caso in cui sia informato dello stato di insolvenza di un determinato imprenditore, che potrà quindi procedere d'ufficio.

SECONDA fase: Ruolo degli organi di controllo e dei revisori dei conti

Gli organi di controllo, il revisore legale e le società di revisione devono avvisare l'organo amministrativo della società di fondati indizi che concretizzano l'esistenza della crisi. Nell'ipotesi in cui, a eseguito di tale segnalazione, gli organi di controllo non ricevano risposta dall'organo amministrativo, o che la risposta non sia adeguata, dovranno informare l'Organismo.

Per incentivare le procedure di allerta sono previste misure premiali, di natura patrimoniale e per la responsabilità personale, a favore dell'imprenditore che si attiva precocemente per risolvere la crisi. Anche gli organi di controllo avranno accesso a misure premiali: se segnaleranno per tempo gli indizi di crisi, sarà loro esclusa la responsabilità solidale per le conseguenze pregiudizievoli dei fatti che hanno segnalato.

Il tema è molto delicato perché, da una parte, obbliga l'imprenditore a uscire allo scoperto, rendendo palese il proprio stato di crisi, dall'altro, la segnalazione da parte degli organi di controllo potrebbe tramutarsi in una sorta di boomerang qualora la comunicazione dello stato di crisi rilevato sia tardiva rispetto al momento in cui si è generata. L'obbligo della comunicazione, infatti, scatterebbe nell'immediatezza della percezione della probabilità di futura insolvenza.

Questo intreccio di responsabilità tra imprenditore e organi di controllo deve essere correttamente valutato da entrambe le parti, onde evitare possibili accuse di reciproche responsabilità. È comunque evidente che la comunicazione eseguita dall'organo di controllo determina il momento esatto dal quale può iniziare la procedura e le relative responsabilità discendenti degli attori coinvolti.

REGOLA n. 6: le procedure di allerta consentono misure premiali anche per gli organi di controllo dell'impresa, qualora segnalino per tempo gli indizi di crisi.

Non posso esimermi dal segnalare quanto sia difficile la diagnostica dello stato di crisi da parte degli organi di controllo. La presunta "incombente insolvenza", come potremmo definire lo stato di crisi precedente al vero e proprio dissesto, spesso è la conseguenza di una gestione intrisa di errori, di strategie imprenditoriali sbagliate perché imprudenti o velleitarie, di scarsa consapevolezza del mercato in cui si opera o dei prodotti e servizi che vengono proposti, oppure dell'incapacità del debitore di fermarsi perché restio ad accettare la propria sconfitta umana e imprenditoriale.

Come ho già detto, tutti questi processi non sono istantanei ma progressivi, e quindi cogliere il momento esatto in cui si manifesta la crisi ai fini della corretta segnalazione all'Organismo può essere complesso e soggettivamente non univoco. La crisi, inoltre, può derivare da cause anche esogene all'impresa, difficilmente interpretabili o di cui risulta impossibile pronosticare gli esiti e gli effetti. In questa prospettiva penso, ad esempio, al caso di procedimenti amministrativi e giudiziali dai quali dipendono il conseguimento di importanti liquidità, la cui mancata realizzazione potrebbe determinare o scongiurare la crisi dell'impresa.

Risulta quindi difficile, in tali contesti, esprimere con sicurezza e certezza se la crisi si è verificata o meno. Non nascondo che è ravvisabile una certa asimmetria tra la segnalazione promossa dai creditori pubblici qualificati e quella dei controllori interni. I primi hanno sempre vantaggio a segnalare il fondato sospetto della crisi d'impresa e, se non lo fanno, perdono il privilegio sui loro crediti.

Diversamente, gli organi di controllo interno possono essere in conflitto con l'obbligo di segnalazione e potrebbero tacerla nella prospettiva di essere ricompensati dall'imprenditore, anche solo limitatamente al rinnovo del proprio incarico. Alla base, vi è, quindi, una scarsa indipendenza degli organi di controllo che potrebbero essere indotti a non manifestare all'esterno lo stato embrionale della crisi, nella prospettiva di tutelare solo i propri interessi personali.

TERZA fase: Ruolo dell'organismo e trattative per comporre la crisi

Ricevute le segnalazioni, o su istanza del debitore, l'Organismo convoca immediatamente, in via riservata, il debitore e il collegio sindacale della società per definire, entro massimo sei mesi, le misure idonee a porre rimedio allo stato di crisi. In questa fase la procedura deve assumere provvedimenti *nel più breve tempo possibile*. Le misure devono quindi dotarsi del requisito della velocità in modo da scongiurare che l'inerzia dell'azione promossa determini il degradare della situazione di crisi in insolvenza.

L'Organismo procederà, quindi, a un confronto riservato con il debitore, all'analisi della situazione patrimoniale, economica e finanziaria dell'impresa e all'esame delle misure individuate per risanare lo stato di crisi. È evidente che il tempo di osservazione va limitato e proporzionato alle esigenze di una corretta e completa informazione della crisi in atto e alla fattibilità del progetto di risanamento. A questo processo preliminare seguirà un costante monitoraggio dell'efficacia delle soluzioni intraprese.

Con l'assistenza dell'Organismo, quindi, le parti cercano di addivenire all'omologazione di un accordo di ristrutturazione, alla proposta di un concordato preventivo o a un ricorso per l'apertura di una liquidazione giudiziale. Se la soluzione della crisi si conclude positivamente, l'Organismo deve attestare che l'imprenditore ha posto in essere le misure idonee al superamento della crisi. Diversamente, il collegio dovrà attestare che non vi sono misure idonee al superamento della crisi e confermerà lo stato di insolvenza. Si apre quindi la fase successiva che prevede il coinvolgimento del Tribunale. A questo punto la procedura cambia natura e, da amministrativa e confidenziale, diventa "giudiziale".

QUARTA fase: Mancata risoluzione della crisi e avviso al pubblico ministero

Trascorso il termine di sei mesi, o qualora non si addivenga a una soluzione concordata della crisi mediante misure idonee, l'Organismo presso la Camera di Commercio, attestato il conclamato stato di insolvenza, ne fornisce notizia al pubblico ministero presso il Tribunale del luogo in cui il debitore ha sede. È questo l'epilogo meno felice di tutta la procedura che, in questo modo, si sostanzia in una sorta di anticamera del fallimento.

REGOLA n. 7: la soluzione amministrativa della crisi deve concludersi in un periodo di 6 mesi, trascorsi i quali interviene il Tribunale e la soluzione diventa giudiziale.

Devo notare che il testo normativo prevede una ben precisa sequenza della procedura che, da una fase inziale riservata e confidenziale, progressivamente perde i requisiti di riservatezza avvicinandosi all'autorità giurisdizionale. L'imprenditore in

125

difficoltà potrebbe, infatti, strumentalizzare la procedura solo al fine di guadagnare tempo, anche laddove fosse conscio che non vi sono manovre e misure idonee a risanare il proprio stato di crisi.

In una situazione simile, vale a dire quando si palesa l'impossibilità di intervenire adeguatamente per risolvere la crisi, è ragionevole che, approssimandosi la chiusura della procedura amministrativa e il passaggio alla fase giudiziale, l'imprenditore perda il diritto alla riservatezza e si dia notizia all'esterno della situazione a tutela di tutti i creditori. In questo modo si garantisce il vantaggio del bene pubblico e la massima informazione sullo stato di salute del soggetto in crisi.

Con questo capitolo esaurisco in modo sintetico le novità della riforma fallimentare che interessano l'imprenditore che vuole utilizzare ogni strumento per evitare la liquidazione giudiziale. In futuro ci saranno sicuramente degli aggiornamenti sulle sequenze procedurali e sulla prassi da adottare. Se vuoi restare informato ed ottenere utili strumenti di supporto, iscriviti alla pagina dedicata www.facebook.com/fabiosartoripage.

La prospettiva delle novità introdotte dalla nuova normativa ha reso sempre più affascinanti gli strumenti di predizione della crisi.

In letteratura, infatti, esistono da anni diversi strumenti collaudati per verificare lo stato di salute dell'impresa e prevenirne gli esiti. Queste tipologie di approccio alla crisi sono state sviluppate già all'inizio del secolo scorso. Se ti interessa imparare a pronosticare l'esito della tua attività imprenditoriale e vuoi capire quale strumento è più adatto per eseguire questa rivelazione, seguimi nel prossimo capitolo.

RIEPILOGO DEL CAPITOLO 3:

- REGOLA n. 1: l'Unione Europea promuove e incentiva gli Stati membri ad adottare adeguate normative interne atte a promuovere una seconda opportunità per gli imprenditori onesti che si trovano in crisi.

- REGOLA n. 2: per evitare la negatività e il discredito della parola "fallimento", la norma prevede la sua sostituzione con la locuzione "liquidazione giudiziale".

- REGOLA n. 3: la riforma fallimentare introduce le «procedure di allerta» con lo scopo di prevenire dissesti più gravi in modo tempestivo.

- REGOLA n. 4: le procedure di allerta consentono di risolvere la crisi senza intervento del Tribunale se le misure adottate risultano idonee e non sfociano nella fase di liquidazione giudiziale.

- REGOLA n. 5: le procedure di allerta consentono misure premiali per l'imprenditore e per i creditori pubblici.

- REGOLA n. 6: le procedure di allerta consentono misure premiali anche per gli organi di controllo dell'impresa, qualora segnalino per tempo gli indizi di crisi.

- REGOLA n. 7: la soluzione amministrativa della crisi deve concludersi in un periodo di 6 mesi, trascorsi i quali interviene il Tribunale e la soluzione diventa giudiziale.

Capitolo 4:
I metodi predittivi

«All'intelligenza saranno chiari taluni fatti orribili solo quando il destino sarà compiuto» (*Nostradamus*, astrologo e veggente francese, noto per le incredibili capacità predittive).

Quando l'imprenditore cade nel baratro della crisi diventa miope. Mi è capitato molte volte di confrontarmi con imprenditori che, a causa della situazione in cui erano invischiati, non erano completamente lucidi. Lo stress eccessivo, la visione del mondo circostante con gli occhi appesantiti della disfatta che si fa sempre più vicina comportano spesso scelte totalmente irrazionali.

Ricordo quando mi iscrissi al ginnasio e partecipai con vivo interesse alla mia prima lezione di filosofia. Il professore era un prete, si chiamava don Lucio. Era un fumatore incallito dai modi gentili, sereno e tranquillo.

Con il suo fare calmo, ci rivolse una domanda: «Cosa faresti se fossi immerso fino al collo nelle sabbie mobili?» Ricordo che al tempo ci guardammo tutti con aria stupita perché la domanda era totalmente decontestualizzata da quello che pensavamo che ci avrebbe spiegato quel giorno. Fornimmo diverse spiegazioni, dal cercare una corda o un ramo a cui aggrapparsi, al tentare di galleggiare per evitare di sprofondare.

Il professore, con un sorriso, ci spiegò che la prima cosa da fare non era salvarsi, ma alienarsi. Don Lucio, quindi, cominciò la lezione illustrandoci cosa fosse l'alienazione, ovviamente in senso filosofico. Senza entrare in una materia che, purtroppo, non maneggio con sicurezza, ricordo che di alienazione aveva parlato Hegel nella *Fenomenologia dello spirito* per indicare il momento dialettico del processo di autocoscienza. Egli riteneva che l'alienazione fosse una sequenza con cui l'individuo riesce a oggettivare a tal punto la propria immagine che gli è possibile vedersi dall'esterno.

Ricordo, infatti, che il consiglio che don Lucio dava su come comportarsi di fronte a un problema di enorme gravità era, prima di tutto, quello di estraniarsi completamente dalla problematica in modo da ottenere la lucidità necessaria ad agire con razionalità e consapevolezza.

Parimenti, l'imprenditore che è caduto in crisi come prima cosa dovrebbe cercare di vivere la situazione in cui si trova guardandosi con gli occhi di un estraneo. Osservando i problemi dall'interno, appunto, siamo portati a vederli intensificati e quindi non li sappiamo gestire correttamente.

Si tratta di una visualizzazione che non consente di agire prontamente: ci si trova con l'acqua alla gola e non si crede più di poter risolvere la situazione. Ci si abbandona agli eventi in un perfetto immobilismo, sperando che dal cielo arrivino risposte. In questo modo si perde molto tempo prezioso e non si incardinano le giuste azioni per fuoriuscire dalla problematica.

Questa inerzia, questa paralisi, questo vedere tutto nero è spesso concausa dell'involuzione verso gli stadi successivi della crisi. Occorre quindi focalizzare la questione con uno sguardo nuovo e, in questo senso, un ruolo di rilievo spetta al consulente d'impresa, che vedrà l'impresa non con gli occhi del malato ma con quelli del medico.

REGOLA n. 1: di fronte alla crisi occorre assumere un atteggiamento oggettivamente distaccato dagli eventi per assumere decisioni non emotive, ma ludicamente razionali.

Abbiamo descritto in precedenza come un'iniziativa precoce sia sicuramente da suggerire rispetto alla fatua attesa passiva degli accadimenti. Un imprenditore preparato, dotato di una sana cultura aziendale e supportato da consulenti qualificati, dovrebbe avere sempre un approccio predittivo rispetto alle condizioni in cui si troverà l'impresa nel futuro imminente e in quello lontano.

La notizia rassicurante rispetto a un approccio simile è che i modelli di previsione, se correttamente calibrati e personalizzati rispetto all'impresa che è obiettivo di analisi, hanno un altissimo grado di affidabilità. Lo sai che la letteratura aziendale ha dimostrato che i modelli previsionali possono intercettare lo stato di salute dell'azienda con un grado di precisione che può spingersi sino al 90%? Lo conferma, in particolare, lo studio di Giacosa e Mazzoleni già citato in precedenza.

Strumenti di previsione

Prima di spiegarti quali sono gli strumenti che si possono adottare devo fare un'utile premessa. È evidente che un soggetto interno all'azienda avrà un accesso maggiore alle informazioni aziendali, e una disponibilità di dettagli e fonti informative immediate che i terzi esterni non hanno.

REGOLA n. 2: l'analista interno all'impresa ha una dotazione informativa superiore all'analista esterno.

L'utilizzatore interno, inoltre, dispone di dati autentici in quanto possiede i valori di bilancio che egli stesso predispone. Conosce quindi il grado di soggettività delle singole voci, informazioni a cui non ha accesso l'utilizzatore esterno che invece riceve i dati da archivi pubblici, come il Registro Imprese. Volendo sintetizzare, gli strumenti previsionali sono quelli rappresentanti nella grafica a seguire.

Tabella 6: Strumenti degli strumenti previsionali

Strumenti previsionali	
Utilizzatore esterno	**Utilizzatore interno**
Analisi di bilancio	Piani economici finanziari
Modelli di previsione	Report economici finanziari
Rating professionale	Sistemi di budget

(Fonte: elaborazione personale)

Vediamoli nello specifico singolarmente, senza la pretesa di volerli approfondire come meriterebbero.

Analisi di bilancio

L'analisi di bilancio si esplica creando dei rapporti o quozienti tra i vari dati di bilancio e permette di trasformare i numeri assoluti in numeri relativi.

Occorre precisare che gli indici non vanno presi singolarmente ma considerati nella loro interazione, in una visione complessiva e sistemica. Solo l'esame in questa prospettiva congiunta consente di utilizzare tali strumenti come utili indizi per la pianificazione gestionale, per eseguire confronti con le informazioni relative alla stessa impresa in periodi precedenti, per effettuare paragoni con le performance attuali o con quelle di altre imprese competitor. In quest'ultimo caso si parla di *benchmarking*.

Il termine benchmark indica una metodologia basata sul confronto sistematico che permette, alle aziende che la applicano, di compararsi con quelle migliori e soprattutto di apprendere da queste per migliorare le proprie performance. Attraverso i codici di attività Ateco è possibile estrarre un paniere di imprese simili e confrontare i dati dell'azienda oggetto di analisi con quelli dei suoi concorrenti. L'Istat, infatti, rende disponibile una classificazione numerica per individuare ogni attività economica. Tale classificazione è nota come "codici Ateco" di un'attività economica. Il codice ottenuto non ha valore legale, ma semplicemente statistico. Facciamo un esempio: sei un'impresa che si occupa di attività edile? Il tuo codice Ateco sarà 41.20.0 – Costruzione di edifici residenziali e non residenziali.

Il bilancio è uno strumento informativo ma, per ottenere informazioni utili ed evidenziare se l'impresa si trova in una situazione di crisi, i dati che contiene devono essere reinterpretati. Nello specifico, gli indici sono solitamente rapporti tra varie grandezze del bilancio riclassificate in modo da ottenere delle informazioni maggiormente significative. Questi rapporti consentono di effettuare confronti tra le varie aree aziendali ottenendo dei parametri utili alla gestione.

Gli indici di bilancio possono essere distinti in 3 tipologie:

1. *Indici di liquidità.* Consentono di capire se l'impresa è in grado di far fronte tempestivamente e convenientemente ai propri impegni. Gli indici di maggior interesse sono quelli di struttura e di rotazione.

2. *Indici di solidità.* Informano se l'impresa è in grado di perdurare nel tempo, adattandosi alle condizioni mutevoli del mercato in cui opera. Gli indici più importanti in tal senso riguardano le correlazioni tra fonti e impieghi e l'indipendenza da terzi.

3. *Indici di redditività.* Verificano se l'impresa riesce a remunerare i fattori di produzione.

L'approccio basato sull'analisi di bilancio, tuttavia, soffre di un limite metodologico molto importante: per predisporre gli indici, come elemento di partenza occorre il bilancio. Ora ti starai chiedendo quanto sia insensata questa precisazione. In verità non lo è affatto. È evidente che la necessità del bilancio è un requisito essenziale soprattutto per l'analista esterno che non dispone di alcuna altra fonte informativa.

REGOLA n. 3: l'analista esterno può accedere al bilancio attraverso banche dati pubbliche; questo però è possibile solo per le società di capitali obbligate civilisticamente al deposito del bilancio annuale.

Il bilancio, infatti, può essere estratto dal Registro Imprese facendone richiesta online dal portale www.telemaco.infocamere.it.

Il limite di questo tipo di consultazione è che il bilancio viene depositato solo dalle società di capitali e non da quelle di persone. Quindi, se l'organo amministrativo ha fatto il suo dovere, troveremo l'ultimo bilancio depositato da una Società a responsabilità limitata (S.r.l.) o da una Società per azioni (S.p.a.), ma non troveremo nulla, se non mere informazioni anagrafiche, di una Società in accomandita semplice (S.a.s.) o Società in nome collettivo (S.n.c.) ecc.

REGOLA n. 4: con Telemaco – www.telemaco.infocamere.it – o servizi simili è possibile avere accesso al bilancio di esercizio delle società di capitali per analisi e approfondimenti; con lo stesso servizio si possono ottenere visure camerali, dati anagrafici e atti dell'impresa.

Come previsto dalla normativa civilistica, il bilancio delle società di capitali viene trasmesso digitalmente in Camera di Commercio solo una volta l'anno, entro 120 giorni dalla chiusura dell'esercizio.

E' evidente, pertanto, che il bilancio che si va ad analizzare è quello del periodo precedente.

Una possibile analisi dei dati consuntivi sull'esercizio precedente potrebbe essere tardiva e l'impresa potrebbe essere già precipitata in una grave situazione di dissesto non più riparabile. In altre parole, riferendosi all'analisi dei risultati passati, gli indici non hanno alcuna valenza predittiva in merito al verosimile andamento futuro dell'azienda.

Un'ulteriore critica che si può muovere a questo tipo di analisi è relativa al grado di oggettività del bilancio stesso. Alcune poste, come abbiamo già commentato in precedenza, potrebbero non essere veritiere. Si pensi al magazzino, ai crediti commerciali e a tutte quelle voci di bilancio che sono suscettibili di valutazioni fortemente soggettive.

Se il conto cassa ha un valore oggettivo dato dall'inventario delle unità monetarie disponibili in azienda, le rimanenze di magazzino devono essere valutate dagli amministratori e quindi è possibile che siano stimate con un maggior grado di libertà.

REGOLA n. 5: nel bilancio alcune poste hanno una valutazione oggettiva (come il conto cassa o banca), mentre altre sono suscettibili di valutazioni soggettive da parte degli amministratori che redigono il bilancio (rimanenze di magazzino, crediti, ammortamenti ecc.).

Premesse queste critiche metodologiche, credo sia opportuno mostrarti alcuni indici di maggior utilizzo, così da capirne la logica. Non è possibile esaminare in maniera approfondita tutti gli indici, ma cercherò di spiegare sinteticamente quelli di maggiore significato.

Per capire come funzionano tali indicatori utilizziamo come base uno stato patrimoniale riclassificato secondo un criterio finanziario di liquidità decrescente.

Ciò significa che le voci sono indicate in un ordine che va da quelle più liquide a quelle meno liquide: ad esempio, le prime voci dell'attivo in alto saranno la cassa e i conti correnti mentre, procedendo verso il basso, avremo le immobilizzazioni e via dicendo, vale a dire le poste che possono essere convertite in denaro con maggiore difficoltà (che sono, cioè, meno liquide).

Figura 7: Stato patrimoniale riclassificato finanziariamente

STATO PATRIMONIALE RICLASSIFICATO FINANZIARIAMENTE

Attività		Passività	
Liquidità correnti	5.000	Passività correnti	20.000
Liquidità differite	4.000	Passività consolidate	5.000
Rimanenze	9.000	*Totale passività*	*25.000*
Totale attività correnti	18.000		
		Capitale sociale	10.000
Immobilizzazioni	20.000	Riserve	2.000
		Utile di esercizio	1.000
		Patrimonio netto	*13.000*
Totale impieghi	**38.000**	**Totale fonti**	**38.000**

(Fonte: elaborazione personale)

Vediamo con questi dati, e altri che ti fornirò in seguito, quali informazioni possiamo ricavare dal bilancio.

Indici di liquidità

Gli indici di liquidità hanno l'obiettivo di verificare se l'impresa è in grado di far fronte alle proprie obbligazioni, cioè se si riesce a pagare i fornitori, i dipendenti, le imposte e gli oneri previdenziali, le rate dei prestiti e via dicendo. Tali pagamenti devono avvenire in modo conveniente e logicamente efficiente. Ad esempio, se l'impresa deve dismettere il proprio portafoglio titoli svendendoli a qualsiasi prezzo pur di dotarsi della liquidità necessaria, non si può dire che sia liquida. Per verificare il grado di liquidità si usano degli indici specifici, cioè dei rapporti calcolati tra varie grandezze del bilancio riclassificato dell'impresa. Gli indici di liquidità maggiormente usati nelle analisi finanziarie sono due.

Indice di disponibilità (o current ratio)

Esprime la capacità dell'impresa di far fronte alle uscite correnti (rappresentate dalle passività correnti) con entrate correnti (rappresentate dalle attività correnti: liquidità immediata, liquidità differite e rimanenze). In altre parole, esprime la capacità di far fronte agli impegni finanziari a breve. Il valore dell'indice deve essere ampiamente positivo.

ID indice disponibilità =
Attività correnti / Passività correnti

L'indice può assumere diversi valori e precisamente:
- ID > 2: situazione di liquidità ottimale.
- 1,5 < ID < 1,7: situazione di liquidità soddisfacente.
- ID < 1,25: situazione di liquidità da tenere sotto controllo.

- ID < 1: situazione di crisi di liquidità.

Riprendendo i dati dallo stato patrimoniale riclassificato finanziariamente della Figura 7, avremo: ID = (5.000+4.000+9.000) / 20.000 = 0,90 (situazione di crisi di liquidità).

Indice di liquidità secca (o quick ratio o acid test)
Indicatore di bilancio che permette di valutare la capacità di un'impresa di pagare i propri debiti. Viene generalmente calcolato come rapporto fra le liquidità immediate e differite, vale a dire il totale di cassa, crediti a breve e titoli immediatamente liquidabili e il totale delle passività correnti.
Il nome deriva dal test di acidità che i cercatori d'oro eseguivano sulle pepite per verificarne la reale composizione.

ISL indice secco di liquidità =
(Liquidità correnti + Liquidità differite) / Passività correnti

L'indice può assumere diversi valori e precisamente:
- ISL >1: situazione di liquidità ottimale.

- ISL = 1: situazione critica di liquidità da tenere sotto controllo.
- ISL < 1: situazione di crisi di liquidità.

Riprendendo i dati dallo stato patrimoniale riclassificato finanziariamente della Figura 7 avremo: ISL = (5.000 + 4.000) / 20.000 = 0,45.

L'acid test è in grado di fornire indicazioni più precise sulla situazione di liquidità dell'impresa rispetto al current ratio. A numeratore, infatti, si indicano solamente le poste delle attività correnti caratterizzate da una maggiore liquidità, mentre si escludono le rimanenze.

Una impresa in crisi o in difficoltà tenderà ad accumulare rimanenze di magazzino che non riesce a vendere. È chiaro, pertanto, come il current ratio possa essere falsato o dia informazioni non corrette.

Per comprendere la liquidità, si utilizzano anche gli indici di rotazione. Ad esempio, la rotazione media dei crediti commerciali consente di conoscere quante volte le vendite, nel corso di un periodo, si convertono in liquidità, consentendo all'impresa di non indebitarsi. Non esistono valori standard, ma maggiore è la velocità di rigiro dei crediti, minore è la necessità dell'azienda di ricorrere ai finanziamenti.

$$Durata\ media\ dei\ crediti\ commerciali =$$
$$Crediti\ commerciali\ x\ 360\ (giorni)\ /\ (vendite + IVA)$$

Supponendo che i crediti commerciali siano pari a 2.000 e le vendite al lordo di IVA pari a 6.000, l'indice sarebbe: Durata media crediti commerciali = 2.000 x 360 / 6.000 = 120.

Il dato esprime che la durata dei crediti è di circa 120 giorni, quando commercialmente un dato ottimale è inferiore al risultato ottenuto. Ma, come dicevamo, il dato dipende dal settore in cui si opera. Se l'impresa fornisce la pubblica amministrazione, il dato è normale, mentre appare fortemente dilatato per settore diversi da quello pubblico.

Indici di solidità

Con gli indici di solidità si verifica se l'impresa è in grado di perdurare nel tempo. La solidità è riscontrata con quozienti di elasticità e rigidità dell'attivo e del passivo.

Elasticità dell'attivo = Attività correnti / Attività totali

Rigidità dell'attivo = Attività fisse / Attività totali

Quanto maggiore è la rigidità e minore l'elasticità, tanto più l'attivo sarà scarsamente liquidabile.

Elasticità del passivo = Passività correnti / Passività totali

Rigidità del passivo = Passività fisse / Passività totali

Maggiore è la rigidità del passivo, minore sarà il rischio di richieste di rimborso e quindi il rischio finanziario per l'azienda. La solidità si misura anche in relazione al tipo di copertura. Ad esempio, con l'indice di copertura delle immobilizzazioni con capitale proprio si misura quanto l'impresa sia in grado, con forze proprie, di coprire le immobilizzazioni. L'indice è il seguente:

Indice di copertura =

Patrimonio netto / Attivo immobilizzato

L'impresa sarà tanto più solida quanto più l'indice tenderà a 1. Un altro indice di solidità molto importante è il grado di indipendenza dai terzi ed esprime il rischio che l'impresa corre quando è finanziata da istituti di credito o terzi. L'indice è:

Indice di indipendenza =
Patrimonio netto / (Passività correnti + Passività consolidate)

Maggiore è il patrimonio netto, minore sarà il rischio dell'impresa nell'eventualità di una richiesta di rientro dei capitali ricevuti a prestito.

Indici di redditività

Analizzare la redditività significa capire se la stessa è in grado di remunerare il capitale investito. Quest'ultimo è pari al capitale immesso nell'azienda dall'imprenditore, o dai soci, e dal capitale preso a prestito. Gli indici maggiormente utilizzati per capire se l'impresa ha ottenuto profitti soddisfacenti sono due. Il primo è il ROE o *return on equity*:

ROE =
Reddito netto / Patrimonio netto medio

Facciamo un esempio. Costituisci una tua nuova impresa con 10.000 euro di patrimonio. Dopo un anno, l'impresa, a fronte di ricavi per 20.000 euro e costi per 18.000 euro, realizza un utile di 2.000 euro. Il *return on equity* è: ROE = 2.000 / 10.000 = 0,2. Il valore ottenuto, se lo percentualizziamo, corrisponde al 20% e significa che, conferiti 10.000 euro nella società, ho ottenuto un risultato pari al 20% dell'esborso finanziario iniziale. In altre parole, mantenendo costante questo risultato, in 5 anni mi ripago l'acquisto delle quote della società. Il suddetto indice dovrebbe essere positivo. Nelle pagine precedenti abbiamo dimostrato che un reddito netto positivo non è da solo in grado di dimostrare che l'impresa gode di buona salute. Abbiamo già visto che una plusvalenza potrebbe determinare un utile di periodo e nascondere un business in grave difficoltà.

Lo stesso ROE, avendo a denominatore il reddito netto, potrebbe non esprimere correttamente lo stato di salute dell'azienda. Occorre quindi approfondire l'analisi per capire se il reddito deriva dalla gestione tipica, cioè dal *core business*, oppure da eventi eccezionali e difficilmente ripetibili. Per capire il contributo della gestione tipica potrebbe essere utilizzato l'indice di incidenza della gestione non caratteristica che evidenzia il peso proporzionale della gestione non operativa rispetto al reddito operativo tipico:

Indice di incidenza della gestione non caratteristica =
Reddito netto / Reddito operativo

Un secondo indice utilizzato per capire la redditività dell'impresa è il ROI o *return on investiment* dato dal seguente rapporto:

ROI =
Reddito operativo / Capitale investito della gestione caratteristica

Dove il reddito operativo è il risultato della gestione caratteristica, e il capitale investito caratteristico è il totale delle attività, al netto degli investimenti non afferenti a tale gestione, come titoli e partecipazioni, immobili civili, crediti finanziari ecc. In altre parole, il ROI è il reddito realizzato da un determinato investimento, meno il costo dell'investimento stesso.

Facciamo un esempio per capire meglio. Supponiamo che tu investa 1.000 euro in una campagna pubblicitaria su Facebook e che le conversioni di questa sponsorizzazione generino un profitto di 5.000 euro, con costi di produzione pari a 2.000 euro (per semplicità non consideriamo l'IVA). Il tuo ROI sarà quindi pari a: ROI = reddito operativo / capitale investito; ROI = (5.000 – 2.000) / 1.000 = 3.

Il valore ottenuto, se lo percentualizziamo, corrisponde al 300% e significa che, investiti 1.000 euro su Facebook, ho ottenuto un risultato che ripaga 3 volte l'investimento compiuto. Una volta che hai capito come funziona, potresti valutare se Facebook converte più di Google o se la tua impresa rende di più di una concorrente similare.

In conclusione, l'utilizzo dell'analisi di bilancio è uno strumento di supporto alle decisioni dell'imprenditore, ma presuppone che in azienda vi siano adeguate risorse, dotate di specifica preparazione tecnico-economica, atte a sviluppare e interpretare tali calcoli sofisticati. Gli indici di bilancio, come già osservato, valutano una situazione già consuntiva e quindi sono un buon strumento per individuare gli aspetti di debolezza della gestione passata in un'ottica di risanamento aziendale, tuttavia, non sono un immediato mezzo conoscitivo. Come tali, non sono la soluzione più efficace per conoscere anticipatamente i segnali di allerta.

REGOLA n. 6: l'analisi di bilancio è un utile strumento di disamina degli accadimenti gestionali passati, ma non è uno strumento efficace per fornire informazioni predittive.

Rating professionale

Il rating professionale determina il grado di affidabilità di una società, ad opera di una agenzia di rating qualificata, affinché sia comunicato successivamente ai terzi. Le agenzie possono essere nazionali o internazionali. In Italia le più note sono Cerved e Crif, a livello internazionale le più conosciute sono Moody's, Standard & Poor's, Fitch Ratings ecc.

L'assegnazione del rating è finalizzata a verificare la cosiddetta probabilità di default. A ogni classe di rating corrisponde una diversa probabilità di perdita o insolvenza. I punteggi assegnati all'impresa sotto indagine (tale osservazione è chiamata *creditwatch*) hanno una scala diversa di rischio crescente che assegna, con delle lettere, diverse classi di probabilità che l'evento negativo si realizzi in futuro (denominate *outlook*).

Ad esempio Standard & Poor's assegna valori AAA quando l'impresa ha ottime capacità di onorare le proprie obbligazioni. Il giudizio degrada in AA+, AA, AA-, A+, A, A- se la suddetta capacità si affievolisce da ottima a buona. Declassa quindi BBB+ quando l'impresa, pur essendo solvibile, diviene più vulnerabile alle condizioni economiche avverse. Seguono, quindi, votazioni sempre meno performanti, ossia BBB, BBB-, BB+, BB, BB-, B+, B, B-, per poi passare alla classe inferiore CCC+ con cui si esprime una maggiore vulnerabilità e una solvibilità dipendente da fattori esterni. Il comparto del rating C degrada in CCC, CCC-, CC e C per poi passare all'ultimo livello, il livello D. Con queste ultime tre classi si esprime un grado sempre più grave di vulnerabilità associato a un alto rischio di insolvenza e default.

L'assegnazione del rating da parte dell'agenzia può essere sollecitata dall'impresa stessa (*solicited rating*), che chiede la propria valutazione, o per iniziativa della stessa agenzia (*unsolicited rating*). Sono diverse le critiche che possono essere mosse a questa tipologia di approccio. I rating esterni di agenzia, ad esempio, sono valutazioni di medio-lungo periodo utilizzate dagli investitori per ridurre le proprie asimmetrie informative, quindi non sono adatte a valutare situazioni di solvibilità di breve periodo. In altre parole, non riflettono le condizioni attuali dell'azienda.

REGOLA n. 7: il rating di agenzia è un valido strumento per assegnare una valutazione all'impresa ma non è in grado di determinare situazioni di solvibilità di breve periodo.

Alla luce di questa osservazione, i rating sono utilizzati più come misure di probabilità di default che come indicatori assoluti. Il rating interno, invece, è generalmente prodotto dagli istituti di credito per valutare il rischio di credito dei propri clienti, e quindi mira a determinare la probabilità di default nel breve periodo (entro un anno).

Si tratta di uno strumento sicuramente molto efficace, ma che necessita di procedimenti di alta complessità e pertanto molto costosi. Per tali ragioni, anche il rating professionale di agenzia, essendo un procedimento molto articolato, complesso e costoso, non può essere utilizzato come agevole strumento di segnale di preallerta.

Piano economico finanziario

La crisi d'impresa può essere prevista attraverso strumenti interni all'impresa, non disponibili agli stakeholder esterni. Uno strumento efficace che consente di effettuare previsioni strategiche e operative è il piano economico finanziario. Per redigere il documento suddetto si utilizza:

- il *conto economico*: ha il fine di determinare la redditività;

- lo *stato patrimoniale*: monitora i flussi di cassa;

- il *rendiconto finanziario*: vigila la comparsa di tensioni finanziarie.

Col piano economico-finanziario è possibile iniziare un percorso di correzione della gestione improntato al recupero dell'economicità dell'impresa.

La predisposizione del piano può essere sintetizzata in 3 fasi principali:

1. Individuazione delle determinanti dell'economicità della gestione.

2. Sviluppo delle ipotesi di previsione di natura economica, finanziaria e patrimoniale: in merito al conto economico si stimano i ricavi e i costi di competenza. Solitamente si utilizza un conto economico scalare suddiviso per aree gestionali, distinguendo i costi fissi da quelli variabili. Lo stato patrimoniale viene redatto secondo criteri finanziari, evidenziando le voci più liquide decrescenti e quelle più immobilizzate. Il rendiconto finanziario è proposto in modo da rappresentare i flussi di cassa generati e assorbiti per area gestionale.

3. Costruzione di tavole di sintesi per la verifica dei risultati attesi.

La redazione di un piano economico finanziario ha dei limiti. Innanzi tutto, è molto complessa e quindi può essere effettuata solo da personale con adeguata cultura aziendale. Necessitando di informazioni specifiche non accessibili ai soggetti esterni, il piano può essere impiegato solo come strumento interno, non agibile agli stakeholder esterni.

Report economico-finanziario

Il report è un documento predisposto con periodicità infra-annuale che ha caratteristiche quantitative e qualitative. Questo documento è obbligatorio solo per le società quotate sui mercati regolamentati, mentre è facoltativo in situazioni diverse da questa. Il report è una sorta di bilancio semplificato infra-periodo costituito da conto economico, stato patrimoniale e rendiconto finanziario. Rispetto al bilancio di esercizio ha un maggior grado di efficacia informativa poiché fornisce dati aggiornati nel breve periodo. In tal senso questo strumento può cogliere anticipatamente i segnali della crisi intercettandone la preventiva manifestazione.

Budget e reporting

Il budget è uno strumento dell'imprenditore che consente di fissare degli obiettivi e di verificare i risultati raggiunti. Essendo un documento di analisi della gestione passata e delle divergenze rispetto alle ipotesi previsionali prefissate, è un utile strumento di monitoraggio delle crisi in emersione e delle eventuali insolvenze. Questo approccio favorisce l'immediata attivazione di correttivi alla crisi. La differenza rispetto al report economico-finanziario sta nel fatto che il budget è uno strumento di programmazione mentre il report è un'analisi di avvenimenti accaduti.

Modelli di previsione

Da sempre gli studiosi di economia hanno desiderato trovare una formula in grado di predire il futuro di un'impresa. Abbiamo già visto che gli indici di bilancio sono un buon strumento di partenza, ma non hanno nessun connotato predittivo. Si limitano solo a un'analisi diagnostica, esprimono un giudizio sul passato, ma non forniscono informazioni sul futuro. Nel corso degli anni si è cercato quindi un modello che, a partire dall'analisi degli indici di bilancio, rendesse identificabile la crisi prima che questa potesse manifestarsi. Questo filone di studi ha prodotto i cosiddetti *modelli predittivi delle insolvenze*.

I modelli di previsione utilizzano metodologie statistiche per elaborare le proprie analisi previsionali. Questa tipologia di approccio è stata introdotta, nel 1930, da Smith. In particolare, Smith analizzò un gruppo di 29 aziende fallite durante il periodo della crisi degli anni '20, enucleando 13 indicatori comuni. Nel 1966, Beaver propone un primo modello di previsione dell'insolvenza statistica utilizzando come base gli indicatori di bilancio. Il fulcro della sua analisi è il rapporto tra cash flow e debiti totali. Due anni dopo, Edward Altman presenta un modello costituito da 5 indicatori (detti variabili indipendenti), ottenuti dai prospetti di bilancio. Il modello è noto come Zeta-score. Lo Zeta-score è una combinazione statistica lineare di variabili che formulano un punteggio per l'azienda.

REGOLA n. 8: lo Zeta-score è una formula ancor oggi utilizzata per predire la possibilità di insolvenza dell'impresa.

Questa formula, ancora oggi riconosciuta in letteratura come attendibile, prevede la scelta di un campione di aziende sane e uno di aziende anomale per ricercare le principali caratteristiche (variabili indipendenti) che differenziano i due gruppi negli anni precedenti all'anomalia.

Isolate e individuate tali specifiche, si procede a formulare una regola statistica di classificazione in modo da ottenere un valore (detto appunto Zeta-score) che discrimini in modo netto le imprese anomale da quelle sane. Maggiore è il valore dello Zeta-score di un'impresa, migliore è la sua qualità.

Il punto di *cut-off*, vale a dire il valore secondo cui Altman determina l'innescarsi del rischio di insolvenza, è 1,81. La prima applicazione di Altman era riferita a un gruppo di 66 imprese manifatturiere statunitensi quotate. Di questo campione, 33 aziende erano sane e le restanti 33 erano in difficoltà. La formula mostrò come le imprese con un punteggio inferiore a 1,8 presentavano fattori di rischio molto superiori e dunque un'elevata probabilità d'insolvenza. Le imprese con un punteggio maggiore di 3, invece, erano sane. Le aziende con un punteggio compreso tra 1,8 e 3 esprimevano una zona grigia dall'esito incerto.

Vediamo ora come funziona lo Zeta-score. La relazione di Altman è:

$$\text{Zeta-score} = 1,2\,X_1 + 1,4\,X_2 + 3,3\,X_3 + 0,6\,X_4 + 0,99\,X_5$$

dove:

- Z = indice generale di salute dell'azienda;
- X_1 = capitale circolante/totale attivo;
- X_2 = utile non distribuito/totale attivo;

- X_3 = utile prima degli oneri finanziari e delle imposte/totale attivo;
- X_4 = valore di mercato del capitale/totale passivo;
- X_5 = vendite/totale attivo.

Svolgendo la formula appare che statisticamente i punteggi determinano un risultato predittivo probabilisticamente corretto.

Il risultato deve essere in sintesi interpretato come segue:

- $Z < 1,8$: l'impresa è ad alto rischio di insolvenza;
- $1,8 < Z < 3$: l'impresa è in una zona grigia la cui solvibilità è incerta;
- $Z > 3$: l'impresa gode di buona salute.

Il suddetto modello è utilizzato ancora oggi, ma presuppone un certo grado di errore nella stima. Pur essendo ancora uno strumento ampiamente diffuso, lo Zeta-score espone il fianco ad alcune critiche. La prima censura è che la formula originaria è stata editata avendo come riferimento le imprese americane degli anni '70. Il modello dovrebbe quindi essere aggiornato al contesto spazio-temporale in cui opera il campione di riferimento delle aziende censite con riferimento all'oggetto di indagine.

Un altro rimprovero al modello di *scoring* è dovuto al fatto che non tiene in considerazione i fattori qualitativi dell'impresa, come la reputazione, la fase del ciclo economico, la qualità dell'imprenditore ecc. La formula, inoltre, per essere attendibile, dovrebbe essere costruita in modo da rappresentare un campione originario di imprese appartenenti allo stesso settore produttivo.

Un'altra critica da muovere al campionamento da cui estrarre la formula è data dal concetto di impresa «non sana». Solo per intenderci, impresa anomala potrebbe essere considerata l'impresa fallita o l'impresa in liquidazione, in crisi finanziaria o simili. È evidente che tali situazioni non sono coincidenti, ma sono sostanzialmente diverse tra loro e possono avere effetti importanti sul campione analizzato. Per superare questi limiti metodologici, lo Zeta-score è stato recentemente perfezionato da altri autori.

Negli anni '90 emergono nuovi modelli che utilizzano le reti neuronali, gli algoritmi genetici e l'intelligenza artificiale. Più recentemente, sempre con lo scopo di avere una formula maggiormente precisa, si sono sviluppati modelli di previsione che affiancano ai dati di bilancio informazioni macroeconomiche e dati qualitativi.

Un recente studio del 2016, di Giacosa e Mazzoleni, si è posto l'obiettivo di aggiornare i modelli predittivi più diffusi, calandoli nella realtà dell'economia italiana, evidentemente diversa da quella originaria statunitense, e aggiornandoli all'orizzonte temporale 2010-2014. Il campione di riferimento di partenza è dato dall'intera popolazione delle imprese italiane, limitatamente alle aziende di piccole e medie dimensioni, cioè quelle che riportano un fatturato tra 700.000 euro e 40.000.000 di euro.

La suddetta riformulazione del modello di Altman consente di classificare correttamente le imprese in probabile default, con una precisione che arriva all'89,5%, evidenziando errori di previsione limitatamente a un 10%. In altre parole, questo nuovo modello è in grado di pronosticare correttamente la crisi 9 volte su 10.

Il vantaggio di un approccio simile sta nel fatto che lo *scoring* è relativamente semplice da utilizzare, è oggettivo e ha un costo di elaborazione contenuto. Il modello può essere utilizzato sia dall'analista interno, sia da quello esterno, in quanto la fonte dei dati originari è data dal bilancio, che è facilmente reperibile.

È chiaro che la formula di Altman da sola non basta a correggere una gestione degradata. I possibili esiti delle analisi predittive della formula proposta devono, quindi, essere coniugate con altri strumenti di correzione della gestione.

In particolare, se lo *scoring* ha mostrato un esito positivo significa che la tua azienda è sulla strada giusta. Occorrerà, pertanto, mantenere la rotta che è già stata correttamente tracciata.

Diversamente, se il risultato non è positivo occorre prendere, senza esitazione, le dovute decisioni. L'approfondimento delle soluzioni che ti si prospettano lo vediamo nel prossimo capitolo.

RIEPILOGO DEL CAPITOLO 4:

• REGOLA n. 1: di fronte alla crisi occorre assumere un atteggiamento oggettivamente distaccato dagli eventi per assumere decisioni non emotive, ma ludicamente razionali.

• REGOLA n. 2: l'analista interno all'impresa ha una dotazione informativa superiore all'analista esterno.

• REGOLA n. 3: l'analista esterno può accedere al bilancio attraverso banche dati pubbliche; questo però è possibile solo per le società di capitali obbligate civilisticamente al deposito del bilancio annuale.

• REGOLA n. 4: con Telemaco – www.telemaco.infocamere.it – o servizi simili è possibile avere accesso al bilancio di esercizio delle società di capitali per analisi e approfondimenti; con lo stesso servizio si possono ottenere visure camerali, dati anagrafici e atti dell'impresa.

• REGOLA n. 5: nel bilancio alcune poste hanno una valutazione oggettiva (come il conto cassa o banca), mentre altre sono suscettibili di valutazioni soggettive da parte degli amministratori che redigono il bilancio (rimanenze di magazzino, crediti, ammortamenti ecc.).

- REGOLA n. 6: l'analisi di bilancio è un utile strumento di disamina degli accadimenti gestionali passati, ma non è uno strumento efficace per fornire informazioni predittive.

- REGOLA n. 7: il rating di agenzia è un valido strumento per assegnare una valutazione all'impresa ma non è in grado di determinare situazioni di solvibilità di breve periodo.

- REGOLA n. 8: lo Zeta-score è una formula ancor oggi utilizzata per predire la possibilità di insolvenza dell'impresa.

Capitolo 5:
Reversibilità della crisi: le azioni possibili

«La scelta determina la direzione, la decisione determina il destino» (*Doug Firebaugh*, consulente d'impresa e formatore statunitense).

L'esito dell'analisi non è fine a se stesso ma è solo la premessa delle azioni che l'imprenditore deve intraprendere per correggere le eventuali malformazioni gestionali che sono state rilevate. Quando avrai in mano i risultati dell'analisi prospettica, è bene che tu faccia una valutazione approfondita di quelli che possono essere gli esiti evolutivi del tuo business.

Come dicevamo in precedenza, se sei stato veloce, non hai indugiato e non ti sei fatto schiacciare dalla situazione, ma hai individuato le ragioni del tuo declino, ora puoi decidere cosa fare.

Le possibili soluzioni alla crisi

Una prima soluzione potrebbe essere quella di invertire il processo di declino attraverso l'impostazione di manovre di turnaround. Il termine *turnaround*, come già detto in precedenza, indica la difesa e la ricostruzione del valore dell'impresa. Le strategie di risanamento possono essere diverse e dovranno essere personalizzate in relazione alla tipicità specifica dell'impresa e del mercato in cui si propone.

Per capire come affrontare la situazione che sei riuscito a visualizzare, occorre dapprima distinguere dove ti trovi. Potresti essere in una zona grigia di declino che ancora non è diventata crisi. Agendo tempestivamente è possibile invertire il corso di declino evitando che maturi in crisi. Più le manovre di intervento tardano e più la soluzione sarà complessa, e richiederà drastiche misure con ridotta probabilità di esito positivo.

REGOLA n. 1: un tardivo approccio risolutivo della crisi determina una manovra maggiormente complessa e una più ridotta probabilità di successo del risanamento.

Pertanto, gestire il turnaround durante il declino non è la stessa cosa che gestirlo in fase di crisi, quando l'impresa ha perso la propria credibilità e la fiducia degli operatori economici coinvolti deve essere ricostruita. In questa situazione, potresti anche visualizzare che il business che hai creato non fa per te. Potrebbe essere giunto il momento di trovare un compratore per la tua attività e di cederla a imprenditori finanziariamente solidi e capaci di rilanciare il business. È evidente che non facendo nulla per arginare il declino, come abbiamo già illustrato precedentemente, la situazione di difficoltà economico-finanziaria degraderà in crisi. In questa situazione, all'impresa si presentano due strade: uscire dalla crisi oppure esserne travolta.

Nel primo caso si preparano manovre di turnaround che possono prevedere o meno sacrifici agli stakeholder. Solitamente in questa fase vengono attivate procedure giudiziarie per contenere la crisi. Questa soluzione non sempre prevede l'intervento del Tribunale. Se gli stakeholder si fanno carico della crisi, vi può essere, infatti, una soluzione privata.

Qualora la crisi non abbia soluzione, e quindi l'ipotesi di reversibilità non sia fattibile, occorre valutare la cessazione dell'attività. Quest'ultima può avvenire con impatti traumatici sugli stakeholder o meno. Nel primo caso si può, ad esempio, accedere a soluzioni come la liquidazione volontaria. Nel secondo caso, invece, le vie di risoluzione classiche sono rappresentate dalle procedure concorsuali come il fallimento, il concordato preventivo, la liquidazione coatta amministrativa ecc., in relazione alla tipologia di impresa che cade in default. Possiamo sintetizzare le diverse situazioni possibili nella tabella a seguire.

Tabella 7: Le diverse soluzioni alla crisi

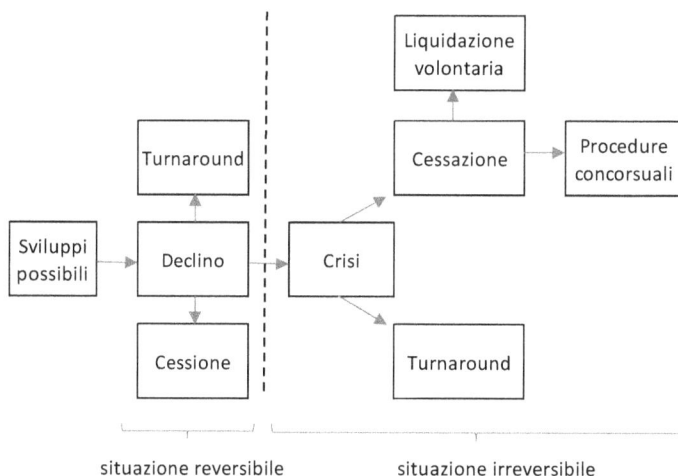

situazione reversibile   situazione irreversibile

(Fonte: elaborazione personale)

Le fasi del turnaround

Il processo di risanamento può idealmente essere suddiviso in 5 tappe fondamentali.

Primo stadio: riconoscimento della situazione di declino/crisi e adozione di una nuova leadership

È il momento in cui l'imprenditore riconosce e ammette la propria situazione di declino o di crisi. Se ti trovi in questa circostanza, dovrai necessariamente ammettere che hai commesso degli errori. In un'impresa di grandi dimensioni, il primo intervento è la sostituzione dell'organo amministrativo che ha determinato il problema. Questa sostituzione di solito è fondamentale anche perché permette quel processo di alienazione dal problema che abbiamo descritto in precedenza. In un'impresa di piccole dimensioni il cambiamento può essere più difficile. In tal caso può essere sufficiente rimuovere il leader forte, mantenendo nelle proprie funzioni i dirigenti.

REGOLA n. 2: il primo passo del turnaround è dato dalla sostituzione del manager o, dove questo processo non fosse possibile, dal suo affiancamento.

Nel caso dell'imprenditore manager tuttofare, questo processo è ancora più difficile. Il problema psicologico di ammissione dei propri errori in questo caso è molto drammatico e può seriamente compromettere il processo di risanamento.

Secondo stadio: esame delle ragioni del declino/crisi

Inizia la fase successiva di identificazione delle ragioni che hanno determinato l'emersione delle difficoltà. Occorre valutare i punti di forza e di debolezza dell'impresa e le perdite che si sono accumulate nelle precedenti gestioni. In questa prospettiva, un esame approfondito delle perdite è di vitale importanza. Pare opportuno leggere le perdite in relazione ad altre quantità d'azienda, come ad esempio il fatturato, in modo da ottenere un giudizio di valore sul buon esito della ristrutturazione.

Per fare un esempio, se le perdite della tua impresa si contengono a livello dell'1-2% del fatturato, sono da ritenere lievi. Se tale rapporto sale al 2-5%, il livello delle perdite è pesante mentre, dal 5 al 10%, diventa grave. Se supera il 10%, il livello delle perdite è da ritenere gravissimo.

REGOLA n. 3: per valutare le prospettive e gli esiti di successo del risanamento occorre analizzare la genesi, l'intensità e la struttura delle perdite.

Il dato non deve essere sottovalutato, perché è chiaro che un livello grave di perdite implica una scarsa possibilità di recupero. In una situazione gravissima, invece, il risanamento deve essere considerato eccezionale. L'analisi delle perdite non deve limitarsi solo alla quantificazione in valore assoluto. È importante capire la tendenza delle perdite, ossia se aumentano nei periodi più recenti, e la loro struttura. Occorre capire, in altre parole, se la perdita è originata già nel settore tipico della gestione oppure da accadimenti straordinari.

Le perdite potrebbero anche essere state ridotte da politiche di bilancio che, nel rispetto della normativa, hanno occultato un risultato ben peggiore. Si pensi ad esempio a una rivalutazione di beni, a conferimenti a società controllate o alla generazione di plusvalenze strategiche. In queste ipotesi, le performance del bilancio rappresentano una perdita minore rispetto a quella che si sarebbe realizzata senza l'ausilio di questi interventi. Occorre quindi sterilizzare queste operazioni nella prospettiva di normalizzare il reddito in modo da evincere il dato corretto delle perdite tendenziali dell'impresa.

Terzo stadio: definire la situazione patrimoniale di partenza

La situazione patrimoniale di partenza determina le risorse su cui poggerà il futuro dell'impresa. In questa fase è necessario procedere a una serie di dolorosi tagli, noti anche come *write-off*, soprattutto a danno di beni immateriali non più attuali.

REGOLA n. 4: il risanamento prevede quasi sempre dei tagli – detti *write off* – a valori di bilancio non più attuali o a risorse in eccesso rispetto alla capacità produttiva desiderata.

Si pensi ad esempio ai valori di avviamento, acquistati a titolo oneroso nel passato e ora privi di ragioni per essere riportati a nuovo. Occorre quindi epurare tutti quegli elementi che si dimostrano privi di valore e che, se riportati, potrebbero solo minare nuovamente la fiducia degli stakeholder nell'attendibilità dei dati del bilancio dell'impresa risanata.

Quarto stadio: progettazione degli interventi e definizione del piano

Le varie manovre che si intendono assumere vengono riepilogate in un documento che prende il nome di "piano". Il piano può assumere diverse configurazioni e precisamente:

a) *Piano di ristrutturazione.* Si realizza migliorando l'efficienza dei fattori produttivi, l'incidenza dei costi fissi e l'assetto finanziario.

b) *Piano di riconversione.* Si cercano nuove combinazioni di prodotti e mercato migliorando il marketing e sviluppando l'innovazione tecnologica.

c) *Piano di ridimensionamento.* Solitamente si procede alla riduzione della capacità produttiva esistente, in particolare laddove l'impresa è connotata da sovraccapacità produttiva. Purtroppo, una delle voci da porre in *write off* è soprattutto il personale. In questa prospettiva, i tagli al personale sono presentati come il male minore rispetto alla chiusura definitiva dell'impresa.

d) *Piano di riorganizzazione*: Punta alla ridefinizione dell'organizzazione interna definendo nuovi ruoli di responsabilità.

Quinto stadio: conclusione del turnaround, normalizzazione e ritorno al valore

A seguito delle manovre di turnaround, dei tagli di *write off* e delle iniziative volte al recupero dell'efficienza della gestione, l'impresa dovrebbe approdare al ritorno al profitto. Qualora ciò non accadesse, dovranno essere attivate le procedure concorsuali descritte in precedenza.

In questa situazione occorre mantenere un costante monitoraggio della produttività e dell'efficienza recuperate per evitare il ripetersi di errori e il ritorno a situazioni di difficoltà. Il turnaround si conclude, quindi, quando l'impresa riesce nuovamente a creare valore.

RIEPILOGO DEL CAPITOLO 5:

- REGOLA n. 1: un tardivo approccio risolutivo della crisi determina una manovra maggiormente complessa e una più ridotta probabilità di successo del risanamento.

- REGOLA n. 2: il primo passo del turnaround è dato dalla sostituzione del manager o, dove questo processo non fosse possibile, dal suo affiancamento.

- REGOLA n. 3: per valutare le prospettive e gli esiti di successo del risanamento occorre analizzare la genesi, l'intensità e la struttura delle perdite.

- REGOLA n. 4: il risanamento prevede quasi sempre dei tagli – detti *write off* – a valori di bilancio non più attuali o a risorse in eccesso rispetto alla capacità produttiva desiderata.

Capitolo 6:
Check list di un'impresa di successo

«Non giudicare ogni giorno dal raccolto che raccogli, ma dai semi che pianti» (*Robert Louis Stevenson*, scrittore, drammaturgo e poeta scozzese, autore, tra le tante opere, de *L'isola del tesoro*, del 1883).

Giunto quasi al termine di quest'opera, ho pensato che potesse esserti di aiuto una sorta di *check list* di controllo.

Compilando la tabella a seguire, infatti, puoi verificare se hai l'attitudine al successo o se la tua impresa è stata programmata con un modello geneticamente favorevole all'innescarsi della crisi.

Come abbiamo già avuto modo di vedere, infatti, ci sono comportamenti ricorrenti, soprattutto riferibili all'organo direzionale, che possono comportare l'esito della tua impresa.

Correggendo o modificando questa attitudine e questo approccio si potrebbero avere risultati profondamente diversi.

Nello specifico vorrei che rispondessi onestamente al presente questionario tratto da uno studio di Vittorio Coda.

Il noto studioso ha evidenziato dei comportamenti tipici di chi è destinato ad avere successo e, al contrario, mette in guardia coloro i quali assumono condotte diverse.

Prendi quindi carta e penna e rispondi con sincerità alle domande che seguono.

Check list: verifica se sei un'*impresa di successo*

Verifica se sei una IMPRESA DI SUCCESSO o hai l'attitudine ad entrare in CRISI			
Domande	Comportamento Impresa di SUCCESSO (A)	Comportamento Impresa in CRISI (B)	Risposta
1) Percezione dei cambiamenti	Tempestiva e correttiva	Intempestiva ed errata	(A) o (B)
2) Percezione dello stato di salute	Tempestiva e correttiva	Intempestiva ed errata o parziale	...
3) Comunicazioni	Chiare ed intense	Scarse e confuse	...
4) Individuazione dei problemi prioritari	Puntuale	Carente e sfuocata	...
5) Capacità di innovare	Elevata	Scarsa o nulla	...
6) Elaborazione delle proposte di soluzione	Approfondita, integrata e tempestiva	Scarsa o nulla, superficiale, parziale, intempestiva	...
7) Capacità di selezionare le alternative	Eseguita mediante corrette e tempestive analisi di fattibilità (tecnica, commerciale, finanziaria) analisi economiche, valutazioni strategiche	Affidata all'intuito o al caso	...
8) Realizzazione delle alternative	Coordinata, economica, puntuale	Soggetta a rinvii, a ritardi ed a errori di programmazione	...

Spero che tu abbia fornito risposte prevalentemente del settore A). Tuttavia, indipendentemente dal risultato che otterrai, alla fine del test puoi conoscere dove sono le tue lacune. Ti suggerisco quindi di assumere un approccio diverso, potendo correggere la rotta qualora la direzione fosse stata rivolta prevalentemente a risposte del settore B).

Per restare aggiornato sull'argomento e per ricevere utili strumenti per migliorare le tue performance ti suggerisco di iscriverti alla pagina www.facebook.com/fabiosartoripage o contattami direttamente se non usi i social network.

Conclusione

«Non giudicatemi per i miei successi ma per tutte quelle volte che sono caduto e sono riuscito a rialzarmi» (*Nelson Mandela*, politico e attivista sudafricano, presidente del Sudafrica dal 1994 al 1999).

L'elevata frequenza con cui la crisi aggredisce l'impresa ha generato una sempre maggiore necessità di conoscere in anticipo gli esiti di un'iniziativa economica. L'utilizzo precoce, sistemico e procedurale di strumenti di analisi finalizzati a cogliere i primi segnali di allarme consente all'imprenditore di intervenire efficacemente. Diversamente, un approccio miope che non sappia o non voglia cogliere gli esiti infausti che stanno accadendo all'impresa determina spesso un inesorabile deterioramento della gestione che porta a un collasso senza ritorno.

Nelle premesse di questo lavoro ci chiedevamo se esistesse una soluzione e una terapia in grado di evitare a molti imprenditori gli esiti del fallimento. Ora possiamo rispondere che un approccio predittivo alla gestione d'impresa, focalizzato non solo a superare problemi contingenti, ma educato a valorizzare anche una visione futura è sicuramente la miglior terapia immunizzante per evitare il default.

Abbiamo documentato che gli strumenti atti ad assumere un «atteggiamento reversibile» non mancano. Provata è anche l'efficacia dei modelli predittivi, con il vantaggio di poterli utilizzare sia internamente, per verificare se la propria iniziativa economica è destinata al successo, sia esternamente, per stimare lo stato di salute di potenziali clienti o di imprese concorrenti con cui ci si confronta quotidianamente. Abbiamo anche illustrato che i modelli proposti sono essenzialmente semplici da utilizzare e hanno un costo relativamente modesto, comunque molto lontano da una quotazione eseguita da una società di rating.

Cosa manca, quindi, all'imprenditore per assumere un approccio reversibile? Ritengo che all'imprenditore manchi la consapevolezza di poter utilizzare strumenti efficaci per indirizzare le proprie azioni. Nondimeno l'imprenditore onesto deve avere un'adeguata preparazione o confidare in collaboratori e consulenti che siano sensibili alla problematica sollevata. Nella mia esperienza ho incontrato imprenditori con business sani ma gestiti male. Spesso il motivo di questa *mala gestio* derivava dal fatto che l'impresa era stata ereditata, e quindi i figli si trovavano a dirigere un'attività che non avevano costruito sin dall'inizio.

A questi imprenditori mancava la visione del padre fondatore, il motore iniziale e la spinta con la quale si era partiti. Spesso il padre era il tecnico evoluto e bravissimo che si era messo in moto e, anche senza avere opportune conoscenze manageriali, era riuscito a far decollare l'impresa. Oggi quegli stessi tecnici, molto esperti nel loro mestiere, con estrema difficoltà si possono proporre sul mercato senza un'adeguata educazione manageriale che consenta loro di sopravvivere in un ambiente severo e selettivo.

Ho aiutato questi imprenditori mettendomi al loro fianco, crescendo assieme, condividendo congiuntamente il cammino difficile che, giorno per giorno, porta a conquistare o a proteggere una quota di mercato. Ciò non significa decidere per l'imprenditore o sostituirsi al suo ruolo. L'affiancamento che ho sperimentato, invece, è finalizzato a fornire un utile supporto all'imprenditore acerbo, affinché possa sviluppare le conoscenze necessarie a gestire le procedure aziendali consapevolmente e nel modo migliore.

Qualora avessi anche tu la necessità di fare un percorso simile, sai come contattarmi. Nell'ipotesi che questo non ti fosse possibile, mi auguro di averti fornito alcuni utili strumenti per sopravvivere con successo in un mercato difficile come quello di oggi, evitandoti di precipitare nel baratro di un rovinoso indecisionismo.

Glossario

Al termine di questo percorso ho pensato che potesse esserti utile un semplice e veloce glossario dei termini maggiormente utilizzati in questa materia.

BILANCIO NORMALIZZATO: Bilancio predisposto non tenendo conto di attività e passività, costi e ricavi straordinari, nonché di componenti di reddito non ricorrenti o non pertinenti. È uno strumento utilizzato per eliminare distorsioni e consentire comparazioni.

BUDGET: È un documento gestionale-amministrativo, di natura preventiva, con cui un'azienda pianifica le operazioni di gestione futura in relazione all'ottenimento di un determinato risultato.
Il budget si formalizza sulla base di dati storici, in parte su valori certi, come possono essere ad esempio i costi, ed in parte con valori presunti o incerti, come possono essere i ricavi.

CONTO ECONOMICO: È un documento del bilancio di esercizio che evidenzia il risultato economico d'esercizio del periodo di riferimento del bilancio ("utile o perdita d'esercizio").

DISEQUILIBRIO ECONOMICO: Incapacità dell'azienda di remunerare nel tempo tutti i fattori produttivi, compreso il capitale proprio.

FALLIMENTO: Il fallimento è una procedura concorsuale liquidatoria, in cui si incorre in presenza di determinati requisiti oggettivi e soggettivi. È regolato dal Regio Decreto 16 marzo 1942, n. 267 ma la disciplina è stata più volte modificata nel corso del tempo. Tale procedura è diretta all'accertamento dello stato di insolvenza dell'imprenditore commerciale, all'accertamento dei crediti vantati nei suoi confronti e alla loro successiva liquidazione secondo il criterio della *par condicio creditorum*, tenendo conto delle cause legittime di prelazione.
Il fallimento può essere richiesto dai creditori insoddisfatti o dall'imprenditore stesso.

FLUSSO DI CASSA (CASH FLOW): Liquidità generata o assorbita in un periodo di tempo da un elemento dell'attivo, da un gruppo di attività o da un'azienda.

IN BONIS (IMPRESA): Un'impresa si definisce *«in bonis»* quando è solvibile, vale a dire se è in grado di far fronte alle proprie obbligazioni. Diversamente l'impresa è *«incagliata»* quando compaiono problemi di solvibilità temporanei.

L'impresa entra in *«sofferenza»* quando non è più in grado di onorare i propri crediti, potendo quindi essere soggetta a procedure come la liquidazione o il fallimento.

INSOLVENZA: La legge fallimentare - all'art. 5 - definisce l'insolvenza come lo stato che «si manifesta con inadempimenti o altri fatti esteriori, i quali dimostrino che il debitore non è più in grado di soddisfare regolarmente le proprie obbligazioni».

Per quanto concerne gli «altri fatti esteriori» l'art. 7 della stessa legge richiama espressamente la fuga, l'irreperibilità o la latitanza dell'imprenditore, la chiusura dei locali dell'impresa, la sostituzione o la diminuzione fraudolenta dell'attivo da parte dell'imprenditore.

189

GARANZIE PERSONALI: Gravano su un terzo soggetto, che si costituisce garante e risponde dell'obbligazione, con tutto il suo patrimonio, in caso di inadempimento del debitore principale. Tipiche obbligazioni a garanzia personale sono la fideiussione e l'avvallo.

GARANZIE REALI: Sono lo strumento per consentire al creditore di porre un vincolo su uno o più beni del debitore, assicurandosi in tal modo una prelazione, opponibile anche a terzi, sul bene oggetto della garanzia, al fine di soddisfare il proprio credito. Garanzie di natura reale sono il pegno, l'ipoteca ed il privilegio.

LIQUIDABILITÀ: Capacità di convertire un'attività in denaro in tempi rapidi e con costi minimi.

ORGANISMO DI COMPOSIZIONE DELLA CRISI (OCC): Nella riforma del diritto fallimentare in corso è un collegio cui si devono rivolgere sindaci/revisori e creditori qualificati per segnalare le aziende in cui sono emersi segnali d'allerta alla crisi. L'OCC procede convocando l'imprenditore a cui richiederà un progetto di risoluzione della crisi manifestata. L'OCC, pertanto, semplifica ed anticipa il percorso di accordo tra debitore e creditori fermo restando che, in caso di mancata soluzione, si dovrà richiedere l'intervento del tribunale competente.

PIANO DI RISANAMENTO: Qualsiasi piano stragiudiziale o giudiziale che sia potenzialmente idoneo a garantire il risanamento dell'esposizione debitoria e ad assicurare il riequilibrio della sua situazione finanziaria.

PROCEDURA ALLERTA: sono uno strumento introdotto dal 2017 dalla legge di riforma approvata dal Parlamento italiano in tema di fallimenti.

Secondo lo spirito della norma, le procedure d'allerta prevedono che i sindaci/revisori o creditori qualificati, segnalino all'autorità competente situazioni di bilancio che possano degradare in sofferenze aziendali laddove gli amministratori non intervengano prontamente.

Lo scopo di tale strumento è quello di anticipare l'emersione della crisi di impresa tentando una soluzione tempestiva.

Si caratterizzano per essere uno strumento stragiudiziale e confidenziale che ha l'obiettivo di aiutare le imprese ad intervenire prontamente onde rendere maggiormente efficace la risoluzione della crisi. È, infatti, dimostrato che un intervento tardivo ha spesso scarsa probabilità di successo, determinando per l'impresa un irreversibile dissesto.

PROCEDURE CONCORSUALI: Sono le seguenti: 1) il fallimento; 2) la liquidazione coatta amministrativa; 3) il concordato preventivo; 4) l'amministrazione straordinaria delle grandi imprese (e le altre procedure ad essa assimilate); 5) le procedure previste dalla Legge 3/2012 per i soggetti non fallibili sovraindebitati.

RISCHIO AZIENDALE: È il grado d'incertezza di realizzazione dei futuri rendimenti attesi di un'azienda, derivante da fattori diversi dal livello di indebitamento finanziario. È denominato anche rischio operativo.

RISCHIO FINANZIARIO: È il grado d'incertezza nella realizzazione dei rendimenti futuri attesi di un'azienda, derivante dal livello di indebitamento finanziario.

REDDITO D'ESERCIZIO: Con riferimento a un preciso arco temporale, detto appunto esercizio (per i cosiddetti esercizi solari va dal 1° gennaio al 31 dicembre) esprime la differenza tra i ricavi, ottenuti in seguito alla cessione dei beni o servizi prodotti dall'azienda e i costi di competenza del periodo. Nel caso in cui il reddito di esercizio sia negativo il risultato viene identificato con il termine perdita. Se la differenza è positiva il risultato esprime un utile.

SOVRAINDEBITAMENTO: La Legge 3/2012, all'art. 6, co.2, lett. a), lo definisce come una *"situazione di perdurante squilibrio tra le obbligazioni assunte e il patrimonio prontamente liquidabile per farvi fronte, che determina la rilevante difficoltà ad adempiere le proprie obbligazioni, ovvero la definitiva incapacità di adempiere regolarmente"*.

STATO PATRIMONIALE: È uno dei documenti che insieme al conto economico e nota integrativa, compone il bilancio d'esercizio. Lo stato patrimoniale definisce la situazione patrimoniale ad una certa data di un'impresa. È solitamente esposto in sezioni divise e contrapposte (attivo e passivo).

TENSIONE FINANZIARIA: È la situazione di rischio di insolvenza, che determina per l'azienda la difficoltà ad adempiere regolarmente le proprie obbligazioni con i mezzi a disposizione.

VALORE: È l'espressione monetaria dell'utilità riconosciuta ad un bene da parte di coloro che sono intenzionati ad acquistarlo o venderlo. Esprime, pertanto, un'opinione cioè un giudizio soggettivo e non un dato oggettivo. Nella pratica della valutazione aziendale, il valore deve essere sempre qualificato come ad esempio, il valore di mercato, il valore di liquidazione o il valore dell'investimento.

Ringraziamenti

Al termine del mio percorso voglio ringraziare tutte le persone che, a loro modo, hanno interagito in questo progetto, permettendomi di trasformare un'idea e un sogno in un risultato concreto. Spero di non dimenticare nessuno e, se dovesse accadere, mi scuso in anticipo.

Vorrei iniziare ringraziando tutte quelle persone che mi hanno detto che a loro sembrava una pazzia. Non faccio nomi, sono troppi coloro i quali hanno cercato di fermarmi. Purtroppo, non siete riusciti a dissuadermi, ma la vostra presenza ha aumentato la mia determinazione. Quindi, nel vostro piccolo, siete stati necessari.

Non compete a me dire se il progetto che ho ideato è riuscito, arrivare fino in fondo è già un enorme risultato e spero che queste pagine siano servite ad aiutare più di un imprenditore.

So quanto sia difficile assumere il ruolo di condottiero di un'impresa e quanto sia duro farlo quando le cose non vanno per il verso giusto. Se ho potuto aiutare anche uno solo di questi uomini straordinari a uscire dal buio, allora credo che questa opera sia un successo. Mi auguro di aver portato loro un po' di luce che abbia consentito di correggere la rotta verso lidi migliori.

Grazie a mia moglie Francesca, che mi ha sempre sostenuto, sin da quando ero un praticante in un noto studio di commercialisti a Verona e che mi spronò a mettermi in proprio. Ogni volta che ho uno slancio verso l'alto, lei è sempre pronta a sostenermi e a vedere cosa c'è oltre i miei limiti che, grazie a lei, riesco sempre a superare.

Ringrazio anche i miei figli, Giuseppe e Gemma Maria, che strillando in casa e giocando hanno reso epica la scrittura alla sera di queste pagine, ma anche molto divertente. Giuseppe oggi ha otto anni e già capisce cosa sto facendo, per lui ogni risultato ottenuto sarà un successo a prescindere, perché il papà è sempre un piccolo supereroe, indipendentemente dal lavoro che fa. Gemma Maria adesso ha quattro anni, è ancora piccina e non ha la minima idea di cosa io stia facendo, ma spero che un giorno sia orgogliosa di me.

Scarabocchiare i libri su cui ho studiato è stato un ottimo modo per condividerne, a modo suo, il contenuto.

Ringrazio mio padre, Giuseppe senior, con cui esercito da sempre un sofisticato confronto dialettico, volto a migliorarmi. Le nostre vedute non sono quasi mai coincidenti ma proprio per questo ricerco il suo parere. Non è mai intervenuto nelle mie scelte, lasciandomi ampia libertà d'azione. Farò tesoro dei valori che mi ha trasmesso, trasferendoli alle generazioni che ci seguiranno. È una persona speciale ed autentica, spero un giorno di assomigliargli.

Grazie anche a mia madre, Annalisa, che vive con semplicità ogni mio sogno. Quasi sicuramente non sa esattamente ciò che faccio nella vita, ma per lei sono sempre il numero 1. Ci crede così tanto che convince anche me e fortifica la mia autostima. Da lei ho certamente preso il mio lato meno razionale, forse quello più sensibile.

Grazie alla Professoressa Angela Broglia che ha prefazionato questa opera e mi ha fornito preziosi suggerimenti e consigli. Ho avuto il privilegio di essere suo studente. Con questo libro ritorno con i ricordi al periodo di tesi che mi portò a laurearmi con Lei. Fin da giovane, dopo la laurea, mi coinvolse nella didattica dei suoi corsi di economia aziendale, rendendo più affascinante il praticantato per la professione di commercialista. In questa crescita è sempre stata una presenza fidata ed insostituibile. Mi auguro di percorre molta altra strada assieme.

L'attività accademica mi ha permesso di conoscere anche il Professor Giorgio Mion che ha impreziosito di spunti interessanti questa opera. Da molti anni mi coinvolge nei suoi corsi accademici di economia permettendomi di restare immerso in un ambiente giovane e ricco di energia.

L'energia vitale che promana dalle aule universitarie è solo merito dei miei studenti cui racconto spesso episodi della mia vita professionale. Spero di avervi trasmesso l'amore per la materia che insegno, perché solo una grande passione può fare la differenza. Auguro a tutti voi, nessuno escluso, una vita piena di successo.

Ringrazio Giacomo Bruno che ho conosciuto attraverso i suoi libri e che mi ha fornito una serie di consigli utili, di quelli che sui banchi di scuola non insegnano. Conoscerlo di persona è stata veramente una grande opportunità, con tratti di rara telepatia nel focalizzare problemi e soluzioni. Assieme a Giacomo ringrazio anche tutto lo staff (Roberto, Mariarosa, Alessandro) che mi ha aiutato in questo percorso, rendendolo una salita piacevole e divertente.

Un ringraziamento speciale va a Emanuele Rissone, imprenditore visionario e compagno di questo viaggio straordinario. Generosi i suoi consigli frutto di una collaudata esperienza imprenditoriale. A volte si incontrano persone con cui hai la sensazione di aver già vissuto assieme una vita precedente. Lui è una di queste persone dal karma pulsante.

Grazie anche all'avvocato Stefania Ignelzi che mi ha coinvolto col suo entusiasmo in questa iniziativa e che mi ha spinto ad entrare nell'Accademia senza pensarci troppo. A volte le scelte migliori sono quelle prese d'istinto ad occhi chiusi.

Un doveroso ringraziamento va anche a tutti gli amici e numerosi compagni di vita che hanno letto e corretto le bozze. In particolare, ringrazio l'avvocato Sebastiano Gottardelli per gli spunti relativi alla parte giuridica. I colleghi che condividono con me l'affascinante e dura professione di commercialista e che hanno verificato le prime bozze: Dott.ssa Francesca Colognato, Dott.ssa Elisa Colognato, Dott. Alberto Colognato, Dott. Cristian Licci ed il Dott. Marco Trittoni.

Ringrazio anche il collega Dott. Stefano Tonelato per i suggerimenti e la generosità mostrata. Epiche le nostre telefonate di confronto e sempre stimolante la collaborazione congiunta nelle Commissioni di Studio dell'Ordine dei Dottori commercialisti ed Esperti contabili di Verona.

Sentita gratitudine anche alla Dott.ssa Stefania Sartori e alla Rag. Elisa Possente per l'attenta ed infaticabile revisione testuale. Per la parte comunicazione ed immagini ringrazio Ikkio che ha supportato il mio noto perfezionismo.

Infine, ringrazio Te, mio lettore, perché se sei arrivato fin qui significa che hai dato valore a quello che ho scritto. Mi piacerebbe ricevere una tua sincera recensione, con lo scopo di migliorarmi in vista di nuovi progetti. In fin dei conti, queste pagine, le ho scritte proprio per te e solo per te, con lo scopo di esserti utile anche se, ancora, non ci conosciamo.

Principale Bibliografia e Sitografia

AA. VV., *La crisi di impresa nel progetto di riforma*, in Il Fallimento – Ipsoa, (2016).

ALBERICI A., *Analisi dei Bilanci e Previsione delle Insolvenze*, ISEDI (1975).

ALFARO E., GARZIA N. e ELIZONDO D., *Bankruptcy forecasting: An empirical comparison of AdaBoost and neural networks*, Decision support system (2008).

ALTMAN E.I. e RIJKEN H.A., *A Point-in time Perspective on through-the Cycie Rating,* Financial analyst Journal (2006).

ALTMAN E.I. e RIJKEN H.A., *The effects of rating through the cycle on rating stability, rating timeliness and default prediction performance*, NYU (2005).

ALTMAN E.I. e SABATO G., *Modelling Credit Risk for SMEs: Evidence from the U.S. Market, A Journal Accounting*, Finance and Business Studies (2007).

ALTMAN E.I., *Corporate Financial Distress and Bankruptcy: a Complete Guide to Predicting and Avoiding Distress and Profiting from Bankruptcy*, Wiley (1993).

ALTMAN E.I., *Financial Ratios. Discriminant Analysis and the Prediction of Corporate Bankruptcy*, «The Journal of Finance», (1968).

ALTMAN E.I., *Financial ratios. Discriminant analysis and the prediction of corporate bankruptcy*, Journal of finance (1968).

ALTMAN E.I., HALDEMAN R. e NARAYANAN P., *ZETA Analysis: a New Model to Identify*, (1977).

ALTMAN E.I., Hartzell J. e Peck M., *Emerging Markets Corporate Bonds: a Scoring System*, Salomon Brothers Inc. (1995).

ALTMAN E.I., IWANICX-DROZDOWSKA e LAITINEN E.K., SUVAS A., *Distressed firm and bankruptcy prediction in an international context: a review and empirical analysis of Altman's z.score model*, https://papers.ssrn.com/sol3/papers.cfm?abstract_id=2536340 (2014).

ALTMAN E.I., SABATO G. e N WILSON, *The value of qualitative information in SME risk management*, http://people.stern.nyu.edu/ealtman/SME_EA_GS_NW.pdf (2008).

AMADUZZI A., COMUZZI E., LIBERATORE G. e FERRANDO O., *Valutazione delle aziende in crisi. Alcune riflessioni di metodo e di contenuto*, Rivista dei dottori commercialisti (2015).

AMIGONI F., *I sistemi di controllo direzionale. Criteri di programmazione e di impiego*, Giuffrè (1979).

AMIGONI F., *Il controllo di gestione e le crisi d'impresa*, Egea (1977).

ANDREI P., *La prevenzione dei dissesti aziendali: alcuni spunti di riflessione*, Giuffrè (1996).

APPETITI S., *L'Utilizzo dell'Analisi Discriminatoria per la Previsione delle Insolvenze: Ipotesi e Test per un'Analisi Dinamica*, in Servizio Studi della Banca d'Italia. Temi di Discussione (1984).

ARCARI A., *Prevenire la crisi e gestire il turnaround nelle PMI attraverso le analisi economiche*, Università degli Studi dell'Insubria (2004).

BANCA D'ITALIA www.bancaditalia.it

BASTIA P., *Crisi e risanamento d'impresa. Strumenti di pianificazione e controllo*, Clueb (1987).

BASTIA P., *Pianificazione e controllo dei risanamenti aziendali,* Giappichelli (1996).

BEAVER W, *Market prices, financial ratios and prediction of failures*, Journal of Accounting Research (1968).

BEAVER W.H., *Financial Ratios as Predictors of Failure. Empirical Research in Accounting: Selected Studies*, in Journal of Accounting Research. Supp. (1966).

BERTOLI G., *Crisi d'impresa, ristrutturazione e ritorno al valore*, Egea (2000).

BIBEAULT D. B., *Corporate Turnaround*, Mc Graw-Hill (1982).

BORSA ITALIANA www.borsaitaliana.it

BOZZA E., BOZZA L., BOZZA M., LUCIDO N. e MARCELLO R., *La crisi d'impresa*, Esselibri (2011).

BROGLIA GUIGGI A. e MION G., *Contabilità d'impresa. Fondamenti logici*, Giappichelli (2002).

BROGLIA GUIGGI A. e MION G., *Determinazioni e rilevazioni quantitative nell'economia d'azienda*, Giappichelli (2005).

BROGLIA GUIGGI A., *Cash-flow: il contenuto monetario del risultato economico d'esercizio*, Scritti in onore di Edoardo Ardemani, Giuffrè (1997).

BROGLIA GUIGGI A., CORSI C. e MION G., *Economia aziendale*, Giappichelli (2009)

BROGLIA GUIGGI A., *Il cash-flow nell'analisi della dinamica gestionale delle imprese*, Cedam (1996).

BROGLIA GUIGGI A., *La concettualità dell'azienda per la consapevole creazione di valore*, Giappichelli (2001).

BROGLIA GUIGGI A., *La funzione del bilancio di esercizio tra evoluzione e tendenziale mutazione*, Giappichelli (2005).

BROGLIA GUIGGI A., *Le aggregazioni di imprese. Gli incerti confini dell'aziendalità*, Giappichelli (2002).

BRUNETTI G., *Il controllo di gestione in condizioni ambientali perturbate*, Franco Angeli (1989).

CAPALDO P., *Crisi d'impresa e suo risanamento*, Banche e Banchieri (1997).

CASTELLANI G., *Azioni concrete di responsabilità sociale d'Impresa. Il coinvolgimento degli stakeholders*, Fondazione Nazionale dei Commercialisti (2017).

CEROLI P. e RUGGERI M., *L'analisi di bilancio per indici e per flussi: profili teorici e dinamiche operative*, Giuffrè (2013).

CERVED www.cerved.com/it

CERVED RATING AGENCY, *Metodologia rating di emissione*, http://ratingagency.cerved.com/it/metodologia

CNDC, *Informativa e valutazione nella impresa in crisi*, (2015).

CNDC, *Linee guida per la valutazione di aziende in crisi*, CNDCEC – SIDREA.

CODA V., *Crisi d'impresa e comportamento direzionale*, L'Impresa, (1977).

CRISBIS www.cribis.com/

CRIF www.crif.it/

DANOVI A. e PANIZZA A., *Piani di risanamento*, Ipsoa (2017).

DANOVI A. e QUAGLI A., *Gestione della crisi aziendale e dei processi di risanamento*, Ipsoa (2008).

DANOVI A. e QUAGLI A., *Gestire la crisi aziendale. Processi e strumenti di risanamento*, Ipsoa (2015).

DE SARNO M., *Equilibrio e crisi delle imprese*, Cedam (1982).

FALINI A., *La crisi d'impresa e le sue cause: un modello interpretativo*, Paper n. 125, Università degli Studi di Brescia (2011).

FAZZINI M. e ABRIANI N., *Turnaround management: affrontare, gestire e risolvere la crisi d'impresa*, Ipsoa (2011).

FITCH RATINGS www.fitchratings.com

FORESTIERI G., *La previsione delle insolvenze aziendali: profili teorici e analisi empiriche*, Giuffrè (1986).

GAI L., *Il rating delle PMI. Un approccio metodologico per banche, confidi e intermediari finanziari*, Franco Angeli (2008).

GIACOSA E. e MAZZOLENI A., *Il progetto di risanamento dell'impresa in crisi*, Giappichelli (2012).

GIACOSA E. e MAZZOLENI A., *La previsione della crisi d'impresa: strumenti e segnali di allerta*, Giuffrè (2016).

GIACOSA E., *Il fenomeno della crisi aziendale, Modello di percezione della crisi d'impresa*, Franco Angeli (2016).

GUATRI L., *Crisi e risanamento delle imprese*, Giuffrè (1986).

GUATRI L., *Il fronteggiamento delle crisi aziendali*, Finanza marketing e produzione (1985).

GUATRI L., *La teoria di creazione del valore. Una via europea*, Egea (1991).

GUATRI L., *Turnaround, declino, crisi e ritorno al valore*, Egea (1995).

ISTAT www.istat.it

MARCELLO R. e BAUCO C., *Crisi d'impresa e insolvenza nella prospettiva aziendale e giuridica alla luce delle riforme in itinere*, Fondazione Nazionale dei commercialisti (2017).

MAZZOLA P., *Il piano industriale*, Giuffrè (2011).

MINUTOLI G., *La crisi d'impresa e la sua gestione tra presente e futuro (Prima lettura del d.d.l. n. 2681/2017)*, Ipsoa (2017).

MOODY'S www.moodys.com

ORANO G., *Il mare con il cucchiaino – Vademecum per la repressione penale della bancarotta fraudolenta*, Aracne (2013).

PAOLONE G., *Il deterioramento del sistema delle condizioni di equilibrio dell'azienda: dalla disfunzione perturbatrice alla crisi irreversibile*, in Scritti di economia aziendale in memoria di Raffaele D'Oriano, Cedam (1997).

PERENZE A. e SICCA L., *Crisi e ristrutturazioni d'impresa – il caso Motta – Alemagna*, Etaslibri (1991).

PODDICGHE F. e MADONNA S., *I modelli di previsione delle crisi aziendali: possibilità e limiti*, Giuffrè (2006).

POLLIO M., *Gli accordi per gestire la crisi d'impresa e la predisposizione del piano stragiudiziale di risanamento*, Euroconference (2009).

POZZOLI S., *I sistemi di controllo in ambiente turbolento: il «tableau de bord»*, Studi e informazioni (1991).

PROSPERI S., *Il governo della crisi aziendale*, Giuffrè (2003).

ROSSI C., *Indicatori di bilancio, modelli di classificazione e previsione delle insolvenze aziendali*, Giuffré (1988).

SCIARELLI S., *La crisi d'impresa. Il percorso gestionale di risanamento nelle piccole e medie imprese*, Cedam (1995).

SICCA L., *La gestione strategica dell'impresa*, Cedam (2003).

SLATTER S., *Corporate Recovery*, Harmondworth, Penguin (1984).

SOTTORIVA C., *Crisi e declino dell'impresa*, Giuffrè (2012).

STANDARD AND POORS https://www.standardandpoors.com/en_US/web/guest/home

TEDESCHI TOSCHI A., *Crisi d'impresa tra sistema e management*, Egea (1993).

TELEMACO https://telemaco.infocamere.it/

TEODORI C., *L'analisi di bilancio*, Giappichelli (2008).

TEODORI C., *Modelli di previsione nell'analisi economico-aziendale*, Giappichelli (1989).

TEODORI C., *Modelli di previsione nell'analisi economico-aziendale*, Giappichelli (1989).

TISCINI R., *Economia della crisi d'impresa*, Egea (2014).

VARVELLI R. e VARVELLI M.L., *La crisi d'azienda*, Franco Angeli (1975).

VERGARA C., *Disfunzioni e crisi d'impresa. Introduzione ai processi di diagnosi, risanamento e prevenzione*, Giuffrè (1988).

www.ingramcontent.com/pod-product-compliance
Lightning Source LLC
Chambersburg PA
CBHW070527200326
41519CB00013B/2963